UN NOUVEAU

PRINCIPE POLITIQUE

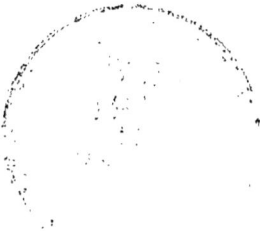

L.-D. ÉMILE BERTRAND

UN NOUVEAU
PRINCIPE POLITIQUE

LARGE SOLUTION DES GRANDES QUESTIONS DU JOUR

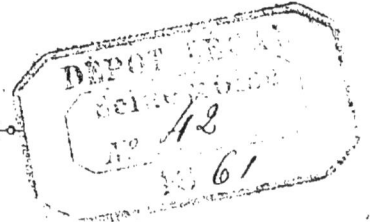

Prix : 1 Franc.

PARIS

CH. ALBESSARD ET BERARD | LIBRAIRIE E. DENTU
LIBRAIRES-ÉDITEURS | PALAIS-ROYAL,
8, RUE GUÉNÉGAUD | GALERIE D'ORLÉANS, 13

MARSEILLE

MAISON Ch. ALBESSARD et BERARD, RUE PAVILLON, 25

1861

UN NOUVEAU PRINCIPE POLITIQUE

PREMIÈRE PARTIE

IMPUISSANCE DES ANCIENS PRINCIPES ET MÊME DES PRINCIPES ACTUELS POUR LA SOLUTION DES GRANDES QUESTIONS DU JOUR ET PLUS SPÉCIALEMENT DE LA QUESTION D'ITALIE.

I

En face des difficultés et des complications de tout genre que présente la situation actuelle, ce n'est point certes une étude oiseuse que de rechercher où cette situation doit nous conduire. Cette recherche est d'autant plus importante dans le moment présent, que la société, jetée violemment par la Révolution de 1789 en dehors des principes d'autorité et de hiérarchie qui jusqu'alors l'avaient fait vivre, se trouve tiraillée et déchirée entre les partisans forcenés mais impuissants de ces principes, qui font de vains efforts pour la replacer sur ses anciennes bases, et les adeptes enthousiastes, mais aveugles, des nouveaux principes de liberté et de droit individuel, essayant sans savoir s'ils y parviendront, à donner d'après ces principes à la vie sociale une base solide, sans être parvenus jusqu'ici qu'à ôter à la société toute assise, en y introduisant uniquement la dissolution de tous principes.

Nous ne jugeons pas; nous constatons un fait.

II

De cette dissolution qui se fait sentir partout, dans toutes les relations de la vie sociale tant des peuples que des individus, et qui a troublé et interverti tous les rapports des peuples avec leurs souverains, des parents avec leurs enfants, des époux, des frères et des sœurs, des amis mêmes et des citoyens entre eux, viciant et entachant toutes ces relations d'un froid égoïsme, d'une sordide personnalité, les partisans des principes anciens concluent à l'impossibilité que les nouveaux principes puissent rien fonder de solide et de durable, et voyant néanmoins s'étendre et se propager chaque jour davantage l'influence de ces principes, sur les ruines et le discrédit toujours plus complet des principes anciens, ils se voilent la face de regret et de douleur, n'osant plus croire à l'avenir et ne prévoyant comme conclusion d'un tel état de choses, qu'une dissolution et un cataclysme.

III

Mais les partisans des principes nouveaux se montrent-ils plus rassurés ? Peuvent-ils mieux définir la situation et voir où enfin elle doit aboutir ? Hélas ! nous les voyons eux-mêmes surpris de leur propre triomphe n'osant encore croire à sa durée, tellement eux aussi ont peu la foi de leurs propres doctrines, que dis-je, tellement leur conscience leur en montre le triomphe anormal et en dehors de toute base logique et régulière.

Aussi voyez quel découragement semble avoir envahi tous les cœurs et paralysé toutes les intelligences; comme dans l'incertitude, dans la défiance de tout avenir, on se laisse vivre au jour le jour, uniquement préoccupé du moment présent, sans souci même d'un lendemain à la possibilité duquel on ose à peine croire. On assiste aux événements, mais c'est comme à un spectacle; on les suit dans leurs péripéties diverses, on semble même s'y intéresser, mais c'est beaucoup moins pour les résultats matériels et moraux qu'ils sont appelés à produire, que pour les émotions dramatiques que ces péripéties peuvent apporter; et même un très-grand nombre n'y trouvent presque d'autre intérêt que celui des variations de *hausse* et de *baisse* d'augmentation ou de dépréciation qui peuvent en résulter, des valeurs mobilières et immobilières en leur possession, comme si c'était simplement pour favoriser la cupidité d'avides spé-

culateurs, ou pour rendre plus faciles et plus douces les
digestions d'oisifs blasés, que la Providence permet que se
jouent entre les peuples ces grandes parties dont l'enjeu se
compose de milliers d'existences humaines !

Mais de cette coupable et funeste indifférence des uns,
comme du désespoir irrité des autres, n'est-on pas en droit
de conclure que nul d'entre eux, pas plus les partisans des
idées nouvelles que ceux mêmes des principes anciens, ne
possède la clef de la situation présente, bien loin de pouvoir
assigner à cette situation une fin certaine et logique.

Il n'y a donc pas à s'étonner qu'aucune des nombreuses
solutions proposées jusqu'ici n'ait encore eu d'autres résultats que de créer et de susciter des complications nouvelles
non moins dans l'ordre politique que dans l'ordre moral et
religieux.

Et sans aller plus loin, qu'est-ce que ce nouveau droit
d'annexion dont on proclame si haut la merveilleuse et
presque magique influence ? Y a-t-il rien de sérieux dans un
droit qui permet le choix la veille et le refuse le lendemain?
Le droit d'annexion, dit-on, est le droit de se donner. Mais
le droit de se donner n'implique-t-il pas le droit de se re-
prendre? Accepte-t-on ce droit sous ses deux faces? Mais
alors, que devient la stabilité? Voulons-nous donc blâmer
les annexions? Non, telle n'est pas notre pensée; mais ce
n'est pas précisément à titre de droit que nous les acceptons. Certainement nous trouvons ce nouveau mode de for-
mation des nationalités infiniment plus légitime et plus
moral que la conquête. Mais nous ne lui reconnaissons pas
encore la valeur d'un principe, et nous espérons pouvoir
asseoir la société humaine sur une base plus large et plus
stable que le caprice mobile d'un individu ou d'un peuple.
Disons plutôt qu'en l'absence de tout droit et de tout principe, telle que se trouve la société actuelle, placée qu'elle
est entre le vieux monde qui finit, et dont les institutions ne
peuvent plus suffire à ses besoins, (et, comme un vêtement
devenu trop étroit, ne laissent point à ses essors ni à ses mouvements la liberté nécessaire), et un monde nouveau dont
les institutions sont encore à créer et ne peuvent lui assurer

une protection suffisante, disons que cette société cherche
encore sa voie, sans autre moteur que ses aspirations, sans
autre guide que son instinct. Mais n'acceptons pas à titre de
principe un mode de direction que, seule, l'absence de principe peut faire admettre et excuser comme une nécessité du
moment, et gardons-nous bien de voir une base permanente
de salut, dans un prétendu droit qui, admis comme tel,
n'aurait d'autre effet que de priver les peuples comme les
individus de toute union durable, et par conséquent ne
pourrait devenir pour les uns et les autres qu'une cause de
ruine.

Mais, nous le répétons, la société manque de principes :
tous les liens moraux et matériels qui unissaient autrefois
entre eux les individus, les familles ou les peuples sont
rompus, usés ou sans force. Laissons là donc pour un temps
cette société chercher son salut dans les intuitions de son
instinct. Suivons-la même dans les manifestations de cet
instinct, qui peut-être nous amènera avec elle à découvrir
la loi même de la vérité.

Hélas! cette pauvre société, elle a perdu toute boussole,
et non-seulement le principe moral, mais même le principe
religieux lui fait défaut.

Écoutez... Un appel vient de se faire entendre. Des voix,
jadis reconnues saintes et divines, ont poussé le cri d'alarme.
Le chef de la chrétienté, disent-ils, est en danger. Chrétiens!
accourez à son aide; comme autrefois l'Islamisme menace de
vous envahir. Chrétiens! une nouvelle croisade vous réclame
pour défendre non le tombeau de Jésus, mais le domaine de
Pierre. Chrétiens! Dieu le veut! Dieu le veut! Il vous appelle...
ne lui donnerez-vous pas, sinon votre sang, du moins
votre or!

Hélas! vain appel, inutiles proclamations. Cris perdus dans
le désert!
A peine sur tant de millions d'âmes, se dénommant du titre
de chrétiens, de catholiques, à peine quelques-unes ont
répondu à cet appel, offrant non leur sang, mais un maigre
denier arraché aux importunités, à des considérations mon-
daines de position, de relation, à l'espoir peut-être d'un gain à

cette loterie d'un nouveau genre; et, dans tous les cas, déter-
minés par toute autre pensée que celle d'un sentiment religieux.

Ainsi même, le sentiment religieux n'établit plus ni lien ni
principe d'union, suffisant à empêcher la dissolution matérielle
et morale dont nous sommes menacés.

IV

Mais certes, cette condition actuelle du sentiment religieux,
même dans notre société chrétienne, nous ne la regardons
point comme un mal.

Loin de là, nous nous en réjouissons comme d'un progrès
et d'un acheminement à une religion plus vraie.

Oui, nous avons du sentiment religieux une plus haute
idée. Nous nous gardons bien d'appeler du nom de religion,
tout sentiment qui n'aurait la prétention de relier et d'unir
entre eux certains hommes qu'en vue de les rendre plus
ennemis et plus acharnés contre tous les autres, ou qui
croirait ne pouvoir honorer Dieu suffisamment qu'en se vouant
à la perte et à la destruction de tous ceux qui n'auraient pas
de ce Dieu la même idée !

Telle fut, il est vrai, autrefois la prétendue religion de
beaucoup de peuples, à partir du peuple juif qui, s'étant cru
autorisé par son principe religieux à se faire l'ennemi et
l'exploiteur de tout étranger, se trouva, plus tard, lui-même,
par une réaction naturelle émanée d'un principe semblable,
en butte, pendant de longs siècles, aux persécutions, à la
haine et à l'exploitation de toutes les nations étrangères parmi
lesquelles il fut dispersé ! Et n'avons-nous pas vu le même
sentiment, prétendu religieux, exciter plus tard les prêtres
du paganisme contre les premiers disciples du Christ, et
forcer ceux-ci à chercher contre leurs persécuteurs l'abri
souterrain des catacombes, les solitudes profondes du désert ;
ou les livrer, pâture vivante, à la rage affamée des lions du
cirque !

Et plus tard ne fut-ce pas ce même sentiment de prétendue
religion, qui, chez les chrétiens eux-mêmes de persécutés de-
venus persécuteurs, remplit les cachots de l'inquisition de
malheureux aux membres déchirés ou brisés par les tortures,
et alluma la flamme sinistre des bûchers sanglants de l'*auto-
da-fé !*

Mais qu'avons-nous besoin de rappeler les fastes inhumains des temps écoulés?

De nos jours n'est-ce pas au nom d'un même sentiment se prétendant religieux, que le fanatisme musulman, secondant la vengeance haineuse des Druses contre les chrétiens de Syrie, vient d'exécuter contre ceux-ci de si horribles massacres, accompagnés d'actes de la plus épouvantable sauvagerie?

Arrière donc de la civilisation nouvelle, toute prétendue religion qui ne relierait quelques hommes que pour les détacher des autres, et se refuserait par son principe à une *universelle* fraternité!

Une telle religion, de quelque nom qu'on la dénommât, ne représenterait point Dieu, le père commun de tous les hommes, *qui fait luire également son soleil sur les bons et sur les méchants.*

Elle ne représenterait pas davantage le Christ de l'Evangile, cette si sublime et si belle manifestation de Dieu sur notre terre. Car le divin législateur ne défend-il pas que l'on arrache l'ivraie du milieu du bon grain, et, pour la séparation de l'une d'avec l'autre, n'ordonne-t-il pas que l'on attende l'*époque de la moisson,* c'est-à-dire la fin et le jour de la justice? Et même cette justice, ne dit-il pas qu'il se l'est réservée *à lui seul,* nous interdisant de nous en faire nous-mêmes les instruments, et nous avertissant qu'il ne nous sera pardonné nos propres fautes qu'*autant que nous aurons nous-mêmes pardonné toutes les leurs à nos frères!*

Ils doivent donc comprendre qu'ils se sont laissés entraîner à un zèle exagéré, et peu conforme à l'esprit du christianisme, ces prélats qui, en présence des attaques dirigées contre le pouvoir temporel du souverain Pontife, ont élevé du haut de la chaire évangélique des paroles de colère et de menace, formulant un appel belliqueux à une résistance active et matérielle. Cette résistance le Christ l'a formellement prohibée quand il a empêché pour sa propre défense l'emploi de l'épée ou d'aucune arme, et quand il a appelé *enfants du tonnerre* les fils de Zébédée qui voulaient faire descendre le feu du ciel sur une bourgade où on n'avait pas voulu les recevoir, et quand il leur a dit qu'ils ne savaient pas *de quel esprit ils étaient.*

Quoi! ils élèveraient, pour maudire ou frapper, une main qui ne doit savoir que bénir et pardonner! Pourraient-ils donc oublier que le Christ qu'ils représentent, s'est intitulé l'*agneau de Dieu, doux et humble de cœur*, et qu'à son exemple, victimes de salut, ils doivent bien plutôt se laisser immoler que de songer jamais à immoler aucun de leurs frères.

C'est une harmonie bien discordante au physique comme au moral que ce cliquetis bruyant d'armes meurtrières s'agitant et retentissant autour du trône pontifical; et dans le fait, l'événement l'a bien prouvé, c'était une pauvre défense pour le soutien du gouvernement papal, que ces soldats si valeureux qu'on les suppose, levés et enrôlés avec l'ancien denier de saint Pierre, bien et patrimoine des pauvres. Non, l'argent, ce maître que l'on ne peut servir en même temps que Dieu, n'a point pour mission de venir au secours de Dieu!..

Au Roi céleste, dont le royaume tout spirituel n'est pas de ce monde, serait-il donc besoin d'un appui humain pour faire triompher sa cause; lui à qui dès l'origine du christianisme il a suffi de douze pauvres pêcheurs pour propager sa doctrine dans le monde entier, et dont les premiers disciples ne surent que se sacrifier eux-mêmes à son exemple, aurait-il donc perdu sa puissance, et lui faudrait-il maintenant, non plus, comme aux premiers âges du christianisme, l'appui moral d'une armée de croyants et de martyrs; mais, comme à un simple potentat terrestre, le soutien brutal d'une horde de mercenaires et de bourreaux!

Ah! si l'Eglise de Dieu n'était pas immortelle, et par sa nature même affranchie de toute destruction, de tels moyens employés pour sa défense, loin de contribuer à la sauver, permettraient de prédire à coup sûr sa fin prochaine, et nous la verrions déjà entraînée dans la ruine de si peu intelligents défenseurs!

Mais les promesses de Dieu sont fidèles; et, l'enfer (ou, en d'autres termes, les intérêts mondains et les préoccupations terrestres), fussent-ils déjà introduits dans le lieu saint, où certes ils devraient être le plus étrangers, que les portes de l'a-

bîme n'auraient sur cette Eglise aucune puissance, et loin de
prévaloir sur elle et d'en amener la ruine, elles ne feraient au
contraire qu'en faciliter l'épuration, en hâter la transformation,
le rajeunissement, et la rendre plus belle, plus divine et plus
digne de son immortalité !

V

Mais quels cris d'enthousiasme se sont fait entendre dans
le lointain ? Ecoutez... *Italie et unité !* c'est le hourra d'un
peuple qui se lève. Ce peuple, il secoue sa torpeur de plu-
sieurs siècles ; voyez ! déjà ses mains ont brisé une partie
des chaînes dont l'étranger le tenait garrotté. Son désir, son
besoin, c'est d'être libre de tout joug imposé à son autonomie,
à la spontanéité de ses essors nationaux : *Italie et unité.*

UNITÉ ! Le voilà enfin, le cri de la foi nouvelle, ce cri signal et
précurseur de tout triomphe, et qui, non moins puissant que
le son des trompettes symboliques de Jéricho, doit faire tomber toutes les murailles, renverser et détruire toutes les barrières élevées jusqu'ici par les antagonismes des âges passés, et qui, empêchant entre les peuples tout rapprochement,
les tenaient ainsi entre eux séparés ou hostiles.

Aussi voyez !.. à peine un seul homme a-t-il le premier
fait entendre ce cri, et voilà que déjà cent mille voix y ont
fait écho, et en ont multiplié la puissance. Cet homme, encore seul hier, s'est bientôt appelé *légion ;* les armées les plus
fortes et les mieux disciplinées se sont débandées et ont fui
devant son nom. Mais ce nom qui se prononçait *Garibaldi,*
sonnait à toutes les oreilles : *Unité !* Ce nom, ce n'était point
un nom, *c'était un principe,* et ce principe c'est une *foi,* la
foi de l'avenir. Le mot unité la révèle, et la fait éclater
comme l'écho des pensées de tous. Aussi de tous a-t-il relevé
l'espoir, et cet espoir c'est le pressentiment même de notre
salut prochain !

Ne nous étonnons donc plus si nous avons vu, à notre époque, se reproduire les faits les plus merveilleux des anciennes

légendes : si, à la voix d'un simple capitaine, presque dépourvu d'armes et de ressources matérielles, mais puissant
par sa foi, un peuple entier s'est ébranlé et s'est débarrassé
de ses oppresseurs, pendant que les sympathies les plus dé-
vouées à l'ancien ordre de choses, les intérêts même les plus
opposés et les plus hostiles au nouveau, sont restés témoins
muets et inertes de ce spectacle, suivant, l'arme au bras,
toutes ses péripéties, sans opposer à cet élan et à leur propre
déconfiture d'autre obstacle que les inutiles protocoles d'une
impuissante diplomatie.

Eh quoi! les princes eux-mêmes, contre les prérogatives de
qui s'établissait tout ce mouvement, n'ont-ils point, eux
aussi, senti et proclamé la vanité et l'impuissance de toute
résistance de leur part? C'est qu'eux aussi comprennent que
les temps sont arrivés... que les vieux principes de privilége,
de division, de haine, de morcellement, sont finis et n'ont
plus de raison de subsister. Eux aussi comprennent, sans se
l'avouer peut-être, que le principe d'unité qui doit mettre fin
à toutes les divisions et terminer tous les antagonismes,
c'est la lumière même de Dieu, venant nous révéler notre
constitution *collective et solidaire*, qui véritablement rend indispensable le ralliement à cette unité, non point seulement
de quelques individus et de quelques familles, mais de tous
les individus et de toutes les familles ; non point seulement
d'un peuple, mais de tous les peuples.

VI

Mais ce nouveau et grand dogme de l'unité, quoique déjà si
puissant pour son affranchissement, l'Italie, comme beaucoup
d'autres peuples, même des plus avancés, le *balbutie* à peine ;
comme tous ces peuples, elle est loin d'en prévoir encore
toutes les conséquences, d'en comprendre ou d'en accepter
toute la formule. Dans sa bouche, le mot unité signifie surtout affranchissement et liberté ; à peine se doute-t-elle qu'il
doit signifier aussi *fraternité*. Aussi ce mot d'unité, l'Italie l'a
prononcé, pour la première fois, moins comme une aspira-
tion d'amour, que comme un rugissement de haine, bien que
d'une haine en apparence légitime, la haine de la domina-

tion étrangère. Elle a tant souffert, comprimée pendant de si
longues années dans tous ses élans, et condamnée à l'im-
mobilité du cadavre auquel on l'avait attachée! Elle, l'antique
reine de la pensée, elle a hâte de déployer ses ailes encore
meurtries des liens qui les garrottaient. Elle s'est donc rap-
pelé ses frères, qui nés sur le même sol, gémissaient comme
elle, condamnés à la même oppression. Ensemble leurs bou-
ches ont exclamé le mot *Patrie*, et à ce cri s'est enfui le souvenir de leurs vieilles haines. Car, il faut le reconnaître, ces
frères ne furent pas toujours remplis les uns pour les autres
d'une bien cordiale sympathie ; mais leurs communes souffrances les ont rapprochés. Avant tout il faut affranchir le sol
qui les a vus naître : *l'Italie aux Italiens!* leur division
a fait leur faiblesse et préparé leur assujettissement ; leur
union les rendra forts et assurera leur indépendance : *Italie
et unité !*

Or, admirez comment *Dieu* lui-même *mène l'homme* au
milieu de ses plus grandes agitations, et comment de ces agitations mêmes il fait ressortir l'accomplissement de ses propres desseins. Ce mot unité qui, comme nous l'avons vu, ne
représente encore à la pensée de ces peuples que l'idée de
liberté, la Providence vient de le mettre dans la bouche de
l'Italie soulevée pour son affranchissement, précisément pour
marquer l'inauguration d'un *progrès* réel et nous signaler
l'approche d'une *ère nouvelle* commençant pour l'humanité
une phase nouvelle de sa destinée, plus perfectionnée et plus
intelligente.

Expliquons cette pensée, très-propre, selon nous, à faire
comprendre, au point de vue de nos principes, la nouvelle
évolution du progrès universel *dans la révolution italienne.*

Jusqu'ici, la plupart des révolutions populaires, y compris
les phases diverses et successives de la Révolution française
en 1789, 1830 et 1848, s'étaient faites surtout au nom du principe de *liberté*. La raison en est qu'elles se produisaient dans
un état social *contraint*, où la plupart des relations, soit entre
les particuliers, soit entre les diverses classes, étaient fausses,
contre nature, et ne pouvaient, par conséquent, se soutenir
que par la violence. Aussi ne pouvaient-elles non plus être

renversées que par la violence. Or, de tous les principes vio-
lents et énergiques, propres à mouvoir et surexciter l'homme
avec un peu de puissance, le besoin de liberté est certes un
des plus forts. C'est que ce besoin tient à la nature même de
l'homme, dont il constitue seul la valeur et la moralité, repo-
sant et prenant sa base précisément dans cette impulsion
qui sollicite l'homme à n'agir que dans le sens de ses facultés, telles qu'elles sont déterminées et manifestées dans chaque homme *par ses tendances et ses attractions naturelles*.
Aussi se produit-il dans tout homme une résistance invin-
cible à toute position fausse qui tendrait à maintenir cet
homme dans un ordre contraire à l'exercice spontané et volontaire d'aucune de ses puissances. Il faut à tous, pour
l'utilité comme pour la moralité de leurs actes, *la liberté*.

Voilà pourquoi tout homme se sent toujours prêt à se soulever contre tout état physique ou moral qu'il croit arrêter la
spontanéité de ses mouvements, ou porter quelque entrave
au libre développement de ses essors, et cela à tous les âges
et dans toutes les conditions.

Or, chez tous, petits et grands, faibles ou forts, individus
ou sociétés, la formule, muette ou explicite de cette protes-
tation, se traduit par le mot *liberté*.

Liberté! liberté! crie, par ses pleurs, l'*enfant* qu'on retient
contre son gré, ou à qui l'on veut imposer même *une caresse*
qu'une sympathie préalable n'a pas provoquée. Liberté! liberté! crie l'*adolescent* (le jeune homme ou la *jeune fille*) que
veulent en vain retenir, dans l'essor de ses sentiments ou de
ses fantaisies, des parents ignorants ou inhabiles qui n'ont
pas su conserver sur lui ou sur elle l'empire moral du respect ou de l'affection. Liberté! liberté! crie aussi l'*épouse* à
qui un époux, maladroit à se concilier sa sympathie, préten-
drait imposer violemment le respect des devoirs conjugaux,
quand l'insuffisance de son éducation morale ne la porte
point à respecter elle-même ces devoirs par le sentiment seul
de sa propre dignité. Liberté! liberté! crie à son tour le *mari*,
qu'un sentiment de religion ou une intelligence de l'ordre
moral ne rallie pas à ses devoirs d'époux ou de père, ou à
qui une affection sincère pour sa femme et pour ses enfants

n'en rend pas la charge douce et légère. Enfin, liberté ! liberté ! ont crié jusqu'ici les *peuples*, chez qui l'état social ne permettait pas un suffisant développement de toutes les classes, de tous les individus ou de toutes leurs facultés, ou chez qui des priviléges plus ou moins injustes, ou non suffisamment motivés, imposaient aux uns des charges qui, semblant ne profiter qu'à quelques-uns, ne pouvaient être acceptées volontairement par le plus grand nombre au détriment de qui elles paraissaient établies.

Liberté ! liberté !

Et à ce cri s'ébranlent tous les étais de l'ordre social établi. Tel un édifice, dont une commotion a dérangé l'équilibre, voit bientôt se disjoindre et craquer, séparés dans toutes leurs jointures, les ais qui en composaient la charpente ; telle dès lors la société voit les classes et éléments divers qui la constituaient, ébranlés et troublés les uns et les autres dans leurs sentiments réciproques, et dans toute l'harmonie de leurs rapports primitifs, ne plus ressentir les uns pour les autres que dégoûts, répulsions et haine, et ne plus éprouver d'autre besoin, d'autre désir que celui d'une séparation et d'un éloignement immédiat. Uniquement préoccupé donc de son indépendance, chacun voulant avant tout s'appartenir et ne considérant plus ses rapports avec les autres que comme un obstacle à la réalisation de ce désir, maris et épouses, parents et enfants, savants et ignorants, grands et petits, bourgeois et travailleurs, se trouvent aussitôt désunis de la sympathie de leurs relations premières, et la répulsion, qui les éloigne l'un de l'autre, semble même s'augmenter de toute la puissance du souvenir encore présent des injustices ou des rigueurs des uns à l'égard des autres, et des obstacles apportés réciproquement par les uns et les autres à la liberté de leurs essors individuels.

Liberté ! liberté !

Car rien alors ne semble plus doux et plus désirable que cette liberté. On en use ; on en abuse ; on lui fait franchir toutes les limites, sans songer qu'ainsi on attente à la liberté d'autrui. Mais ne faut-il pas avant tout s'assurer qu'on est bien en possession de la sienne propre !

Seulement, il arrive que, par cet abus, on a provoqué la réaction de ceux dont on a troublé la propre liberté, et que de nouveau notre liberté personnelle nous est elle-même contestée et mise en péril.

Mais en admettant même que les réactions produites par l'abus de notre liberté ne réussissent pas à nous en faire dépouiller, nous-mêmes nous ne tardons pas à sentir que notre liberté, si nécessaire qu'elle nous puisse être, si doux, si beau qu'en soit l'exercice, n'est pas néanmoins le complet de notre vie, et ne réunit pas, comme nous l'avions pensé, tout ce qu'il faut pour notre bonheur ; qu'ainsi elle ne peut nous dispenser ni des relations, *ni des devoirs* inhérents à notre nature, et à celle de nos facultés toutes créées et disposées *en vue de notre existence sociale*, harmoniquement liée à celle de tous les autres hommes.

Aussi bientôt, même au sein de notre plus complète liberté, et le plus souvent à cause même de cette liberté, l'ennui, le triste ennui vient peser sur nous de tout son poids, et ses lourds bâillements ne tardent pas à nous apprendre que le plus pénible et le plus embarrassant des droits est souvent celui de n'avoir à se diriger que par sa propre fantaisie, et qu'à l'homme il faut pour son bonheur que des liens et des devoirs assignent à cette fantaisie une direction prévue et déterminée.

Et c'est ainsi que la liberté se révèle elle-même, non comme le but final vers lequel l'homme doit tendre et diriger sa vie, mais uniquement comme *un des moyens* de nous rallier d'une manière *intelligente et durable* à ce but qui est le développement *social* lui-même, tel que le doit réaliser l'UNITÉ, c'est-à-dire tel qu'il résultera de l'union de tous les hommes agissant individuellement et collectivement pour le bonheur commun, chacun dans la spécialité librement développée des puissances ou des facultés qui lui sont propres.

Par où la liberté apparaît, non plus comme un affranchissement d'aucun devoir social ou familial, mais bien comme un moyen de mieux supporter et accomplir les charges et les obligations qu'imposent ces devoirs, et de s'en rendre

plus doux l'exercice, en ayant d'avance rallié à ces charges
mêmes et notre esprit : par l'intelligence de l'utilité même de
ces devoirs; et notre cœur : par le sentiment du bien réalisé
par leur accomplissement, de l'affection que notre dévouement doit nous concilier, et de l'attrait même d'un travail
conforme à nos moyens et à la puissance naturelle de nos
facultés.

En adoptant donc, comme cri de ralliement, le mot *unité* au
lieu du mot de liberté, la révolution italienne, dans le mouvement qui vient de la soulever, se trouve instinctivement en
avance et en progrès sur toutes les révolutions populaires
des âges passés, et a bien réellement inauguré sur sa véritable base et sur son vrai principe l'ère nouvelle des développements de l'avenir.

VII

Et cependant nous aurions tort de méconnaître ou de répu-
dier le travail (même violent) du principe de liberté. Il a fallu
tout ce travail, et même sa violence ainsi que toute la dissolution sociale qui *momentanément* a dû être le premier résultat de l'inauguration du principe de liberté, précisément pour
frayer le chemin à l'unité finale et dernière, afin que cette
unité, formée sous les auspices du principe de liberté, fût
avant tout *morale* et *intelligente,* ne se composant plus que
d'éléments librement et spontanément ralliés entre eux par
le sentiment réfléchi de leur utilité réciproque, contrairement
à ce qui avait eu lieu dans les unions sociales précédentes : le
plus souvent, comme nous l'avons vu, ces unités, formées
sous les instigations du principe d'autorité ou du droit divin,
n'ayant dû leur existence qu'au hasard des circonstances ou
de la fatalité, et ne s'étant maintenues, le plus souvent aussi,
que par la violence et la contrainte, en dehors de tout sentiment
d'utilité réciproque, très-souvent même contre toute utilité,
et au détriment matériel et moral de chacun des éléments
unis ; donc précisément en dehors de toute attraction et de
toute spontanéité, et par conséquent de toute puissance
pleine et durable.

Et voilà pourquoi nous n'avons pas à nous alarmer outre
mesure, ni de la dissolution sociale que nous avons signalée

au commencement de ce travail, ni même de la corruption dont nous sommes forcés de reconnaître l'existence dans chacun des éléments moraux et même matériels de la société actuelle.

Car c'est à cette corruption même (qui n'est qu'une conséquence de la dissolution de ces éléments entre eux, telle que l'a d'abord produite leur liberté) que ces éléments devront de s'apercevoir et de reconnaître : 1° *Qu'isolément il leur est impossible à chacun de se conserver dans un ordre ou une moralité quelconque ;* 2° *que la conservation individuelle de chacun de ces éléments dépend* ainsi *de son ralliement à tous les autres*, desquels d'un côté il doit recevoir le contre-poids indispensable à sa nature, tandis que d'un autre côté, par ses facultés spéciales, il est appelé à contribuer lui-même à leur propre équilibre. Seule cette connaissance était capable de rallier d'un côté la volonté de tous à la protection de chacun, pour lui permettre le libre développement et le libre essor des facultés qui lui sont propres, et, d'un autre côté, la volonté de chacun à la protection de tous, pour favoriser chez tous la propagation et la généralisation du contentement et du bien-être, ce qui, sur l'un et sur l'autre point, a totalement manqué et à l'ancienne société, et, jusqu'ici à la société nouvelle, soit sous le régime absolu de l'autorité, soit sous celui même du principe de pleine liberté.

Et là précisément doit se chercher la cause de l'impuissance où s'est trouvé l'un et l'autre de ces régimes, de maintenir d'une manière durable l'équilibre entre les divers éléments sociaux, et par conséquent de sauvegarder pleinement l'ordre et l'harmonie de leur vie, et de leur développement tant individuel que collectif.

D'où nous concluons ces deux points, lesquels nous posons comme principes absolus de tout vrai progrès et de tout le développement de l'avenir, savoir :

1° *Point de société* vraiment développée et vraiment puissante *sans l'unité,* c'est-à-dire sans l'union pleine et entière des divers éléments qui la composent, autant des individus

que des familles, autant des familles que des peuples, et sans
le ralliement des uns et des autres à un but général et *unique* : le développement de chacun *par tous*, et le bien de
tous par le développement et le concours de chacun.

2º *Point d'unité durable* des divers éléments d'une société,
ni des individus, ni des familles, ni des peuples; point non
plus de complet ralliement de ces éléments au bien commun
sans la liberté laissée à ces divers éléments d'accepter plus
ou moins ce ralliement; dût cette liberté les éloigner pour
un temps de l'unité, vers laquelle les ramènera nécessairement *la force elle-même des choses*, par suite de l'impossibilité
même où se trouveront ces éléments de se conserver en dehors de cette unité.

Tel l'Enfant prodigue, que la gêne à lui imposée par la sévère rigidité de son père avait porté à s'éloigner du toit paternel, pour se donner une vie à sa guise, en vient à connaître et à apprécier la sagesse même de cette rigueur,
précisément alors que, privée de l'utile contre-poids des
conseils que lui donnait sa famille, son inexpérience de la
vie, de ses difficultés et de ses piéges, l'a réduit à un dénûment qui menace de compromettre même son existence.
Mais une fois de retour à la maison paternelle, et après s'être
de lui-même replacé sous l'autorité et la direction de la famille, dont l'utilité lui aura été ainsi révélée, pense-t-on qu'il
soit de nouveau si facilement tenté d'en rejeter le joug salutaire pour retomber dans les soucis et les dangers de sa
propre conduite ?

De même, de leur côté, les parents de cet enfant, après
avoir si longtemps tremblé sur le sort de ce fils éloigné d'eux
et de leur surveillance, et souffert de son absence qui les
privait de son amour et de ses caresses, et laissait une place
vide *autant dans leur cœur qu'à leur foyer*, ne se relâcheront-ils pas un peu de cette trop dure sévérité qui leur avait aliéné
l'âme de ce fils, et ne comprendront-ils pas qu'il est de leur
devoir, autant que de leur intérêt, d'adoucir la dureté de leur
direction, et de tempérer la rigueur de leur autorité par les
formes de la douceur et de la bienveillance, afin de rendre

aimable l'autorité elle-même, et d'en faire accueillir avec faveur et reconnaissance jusqu'aux plus dures prescriptions?

Et ce que nous disons de l'Enfant prodigue et de ses parents, peut se dire également et de la jeune fille, de la femme et de l'homme, qui cherchent hors du mariage ou de la vie de famille une indépendance de conduite et de direction, qui les conduit presque toujours au désordre et à la misère, non moins que des diverses classes sociales, même aussi des nations et des peuples que leurs divisions, leurs antagonismes, leurs luttes, même leur seul isolement, conduisent presque toujours à une ruine mutuelle.

Or, c'est précisément de cette ruine ou de cette misère universelle qu'apporte aux uns et aux autres des individus, des familles et des nations cet antagonisme ou cet isolement, que la Providence se sert pour révéler à chacun son *impuissance individuelle*, et pour préparer, par cette impuissance même, le ralliement, désormais *volontaire* et de leur choix, soit du faible vers le fort : après que le premier a senti, comme l'Enfant prodigue, combien la direction ou la protection du second est nécessaire à son inexpérience ou à sa faiblesse; soit du fort vers le faible, dont la faiblesse même peut seule fournir à sa force et à ses facultés ou un stimulant suffisamment énergique pour lui en faire rechercher le développement, ou un exercice suffisamment actif pour le préserver des ennuis de l'oisiveté et des excès de corruption qui en seraient la conséquence.

Et ainsi, sous l'influence même de l'expérience acquise à chacun des éléments humanitaires (les *peuples* et les *nations*), comme à chacun des éléments sociaux (l'*enfant*, la *femme*, l'*homme* et ses sociétés), de leur impuissance individuelle, de même qu'à chacune de leurs facultés et de leurs puissances diverses : science, ignorance, force, faiblesse, etc., se trouvera révélée des unes et des autres la commune *solidarité* ; et c'est seulement à la clarté de cette révélation produite *par leur désunion même* que se seront développés chez ces divers éléments le sentiment de l'utilité individuelle de chacun d'eux pour le progrès et le développement de tous les autres ; et, en raison de ce sentiment, le ralliement désormais *libre* et *spontané* de chaque élément au désir du développement et du bien de tous les autres.

VIII

Ainsi donc, l'unité comme but, et la liberté comme moyen, voilà les deux principes sauveurs destinés à devenir le véritable palladium de la société future, et la base de tout le progrès de l'avenir.

Mais là n'y a-t-il pas la réponse à trois questions les plus importantes et les plus formidables qui se soient jamais formulées, questions qu'ont vainement cherché à résoudre les âges passés, et dont ainsi nous nous trouverions avoir réussi à trouver la solution. Ces questions sont celles-ci :

— Qui nous sommes?
— D'où nous venons?
— Où nous allons?

Qui nous sommes! Mais notre impuissance individuelle, de même que l'affranchissement que nous apporte de plus en plus notre union collective avec nos semblables et notre ralliement au bien de cette collection, ne prouve-t-elle point, par la logique de tous les faits, que nous sommes non des individualités *isolées* ou indépendantes les unes des autres, mais bien les membres ou éléments divers (de facultés et de puissances variées), d'une collectivité destinée à former une unité, comme qui dirait un corps unique, ayant nom *huma-nité*, et dont chaque homme en particulier ne serait en réalité qu'une faculté ou un *organe* spécial, représentant une des puissances nécessaires au développement de la puissance et de l'action du corps entier.

Mais si nous sommes une collectivité, quelle merveille, que jusqu'ici, ne nous étant crus que de simples individualités, et ayant constamment établi et organisé nos lois, nos mœurs, nos coutumes, nos religions même, *pour le seul développement des individus par eux-mêmes,* nos lois, nos mœurs, nos coutumes et nos religions se soient trouvées impuissantes à faire obtenir à l'individu un développement que, vu son organisation collective, seuls son unité et son ralliement à la collection pouvaient et devaient lui permettre de réaliser?

Toutefois, on pourrait faire ici cette objection : si réellement, suivant cette affirmation, nous sommes une collectivité, et qu'aucune destinée individuelle en dehors de cette collection ne nous soit assignée, comment a-t-il pu se faire que jusqu'ici nous l'ayons ignoré, et que la Providence nous ait laissés si longtemps, depuis l'origine du monde, nous débattre dans toutes les déceptions, tous les mécomptes et toutes les souffrances, si cruelles quelquefois, non pas seulement de notre impuissance individuelle, mais de cette impuissance augmentée de tous les obstacles qu'ont le plus souvent apportés à chaque homme, la jalousie, l'antagonisme, la haine même de tous les autres?

A cette objection nous répondrons d'abord : *les temps n'étaient pas arrivés.*

Puis nous ajouterons :

Que si nous n'avions pas longtemps souffert, comme l'Enfant prodigue, et de notre impuissance personnelle, et des difficultés que nous auront créées la jalousie, l'antagonisme, la haine même des autres individualités, familles, peuples, etc. nous n'aurions probablement pas autant apprécié ce qu'aura de bon, de doux, de véritablement sublime et divin, cet amour *universel*, réciproque, de toutes les individualités, de toutes les familles, de tous les peuples, qui non-seulement est appelé à délivrer chacun de son impuissance, qui non-seulement devra faire cesser pour tous toute difficulté et toute misère, mais encore deviendra pour tous et pour chacun le principe de tout bien, de toute puissance, *de toute liberté même* et de tout bonheur.

Cela n'est-il point dans l'organisation même de notre nature? Quels sont, dans les affections et les amours humains, ceux qui se manifestent avec le plus de puissance et semblent donner le plus de bonheur ? Ne sont-ce pas ceux qui se produisent entre des individus primitivement ennemis ou hostiles l'un à l'autre ; et, quand ainsi, de l'inimitié on a passé à l'affection, ne semble-t-il pas qu'on se doive l'un à l'autre, d'autant plus de dévouement, de tendresse et de bonheur, que l'on se sera davantage méconnu dans le principe, et que, par son antagonisme primitif, on aura été mutuellement l'un pour l'autre, le principe de plus de misères, de souffrances ou d'obstacles ?

Or, de ce principe même nous allons tirer la réponse à notre deuxième question, savoir : *d'où nous venons.*

D'où nous venons ? Eh ! nous venons précisément d'un état entièrement opposé aux aspirations de notre nature collective : d'un état *militant,* où tout : intérêt, politique, morale, sentiment, religion même, était organisé pour faire obstacle à ces aspirations, et nous constituer contre tous, et souvent contre nous-mêmes en hostilité et en lutte : lutte individuelle même de frère à frère, d'époux à épouse, de parents à enfants, etc., etc.; lutte collective de familles à familles, de classes à classes, d'Etats à Etats, de peuples à peuples, de croyances à croyances, etc., etc.

Mais, comme nous l'avons dit, cette lutte et toutes les misères et les impuissances qu'elle a entraînées après elle, ont eu leur raison d'être et *leur utilité dans l'ensemble de notre destinée,* puisque c'est surtout à elles que nous devons de reconnaître l'utilité et la raison d'être, non pas seulement de chaque peuple, de chaque famille et de chaque individu, mais encore de chacun des caractères et de chacune des facultés et des puissances diverses à eux départies.

D'où nous venons ? Eh ! nous venons de l'école, d'une école où des maîtres bien durs et bien sévères, hélas ! l'adversité, la misère et des souffrances de toute sorte, nous auront appris cette vérité, que nous semblions ignorer ou méconnaître, savoir : *Que dans les œuvres et les créatures de Dieu, il n'en est aucune qui ait été créée sans but, et qui n'ait pour l'harmonie de toutes les autres, une utilité, que dis-je, une né-cessité réelle; que si donc, quelques-unes de ces œuvres sem-blent tourner à mal, nous n'avons à nous en prendre qu'à nous-mêmes, et qu'à notre ignorance, qui nous faisant nous tromper sur le but et la destination de ces êtres, nous les fait employer à contre-sens de cette destination et de leurs facul-tés,* seul principe qui puisse rendre leur action mauvaise ou inutile.

A cette école, nous aurons appris encore : *Qu'un moyen nous avait été donné dès l'origine, de voir se dissiper toute notre ignorance sur la nature de tous les êtres, sur l'utilité de cha-cune de leurs propriétés ou facultés, sur l'emploi des unes et des autres,* et sur le rôle *spécial* que chacune est appelée à rem-plir dans l'ensemble de l'organisation de l'ordre et de l'har-monie générale. Ce moyen n'était autre que l'*unité* de tous les membres de la famille humaine, se réunissant pour favoriser le développement, le bien-être et l'action utile à tous, de toutes les individualités qui la constituent, chacune de ces individualités ayant été douée de quelque faculté, quelque intuition, quelque puissance, qui lui constitue sa raison d'être, et ne pourrait se remplacer avec la même uti-lité, *même par toutes les facultés réunies* de toutes les autres individualités existantes ou possibles.

Qu'ainsi donc, si notre fatale ignorance des diverses proprié-tés des êtres, et toutes les misères matérielles et autres, dont cette ignorance a été le principe, ont persisté dans l'humanité pendant tant de siècles, la cause en a été uniquement à ce fatal antagonisme, qui nous a si longtemps tenus les uns à l'égard des autres en une suspicion, en une division, ou en une hostilité permanente, non-seulement empêchant l'u-nion et le concours des diverses facultés humaines, mais encore s'opposant à toute action, même à tout développe-ment des facultés du plus grand nombre, ou ne permettant ce développement et cette action que dans des conditions contraintes ou violentes, et en dehors de toute spontanéité, de toute liberté, et par conséquent de toute valeur morale, de toute puissance complète.

Or, nous avons vu que cet antagonisme, qui seul a empê-ché jusqu'ici notre union, n'a pas eu d'autre cause que l'igno-

rance de notre organisation *collective* et *solidaire* par laquelle
le Créateur avait voulu rendre notre *unité*, notre union indispensable, autant pour notre développement et notre bonheur, que pour notre puissance et notre affranchissement
collectif.

Mais la révélation même de la collectivité, ou plutôt du col-
lectivisme de notre nature, n'apporte-t-elle pas, par elle
seule, la réponse à la troisième et dernière de nos questions,
savoir :

Où nous allons.

Où nous allons ! Eh ! nous allons au but final de notre être,
au seul moyen de la vraie réalisation de notre puissance, à
la seule véritable voie de notre affranchissement et de notre
bonheur : nous allons où a proclamé que voulait aller l'Italie,
où bientôt proclameront que veulent aller tous les peuples.
Nous allons à notre unité, mais à cette unité nous n'y allons
plus comme y allèrent les âges passés, c'est-à-dire ou en
aveugles, sans en connaître ni en prévoir les lois ; ou bien
en esclaves soumis et passifs, obéissant à la violence ou à la
contrainte. Non ; l'expérience nous a suffisamment prouvé
que de telles unités ne pouvaient rien avoir de réel ni de *durable ;* or, nous ne voulons plus que, par des révolutions ou
des réactions nouvelles, se trouve détruite aussi notre unité,
comme l'ont été toutes les autres unités précédentes. Non ; l'u-
nité vers laquelle nous marchons ne pourra plus provoquer
ni révolutions, ni réactions, ayant par elle-même tout ce qu'il
faut pour se concilier toutes les affections, toutes les sympathies, et prenant sa base, son principe et son fondement sur
les deux facultés les plus puissantes de la nature humaine :
l'intelligence et la liberté.

Basée sur *l'intelligence*, l'unité finale vers laquelle nous
marchons reposera *sur la nature même des choses*, et ainsi,
ouvrant à chaque spécialité d'êtres, d'instincts, d'aspirations
et de facultés un essor légitime, elle n'aura point à craindre
de voir surgir, entre les éléments divers destinés à la constituer, aucun antagonisme, aucune division capable de trou-

bler ou d'altérer l'harmonie de leurs rapports, ne produisant entre ces éléments aucune relation qui ne soit conforme à ces facultés, à ces besoins et à ces aspirations.

Et, d'un autre côté, basée sur *la liberté* de chacun de ces éléments, elle n'établira entre eux aucun rapprochement *qui n'ait été voulu et accepté par les uns et les autres*, dans le sentiment mutuel d'une commune bienveillance et d'un commun désir, non-seulement d'être l'un pour l'autre un principe d'agrément et d'utilité, mais encore de faire profiter *au bien universel*, même le bien particulier que ces éléments peuvent s'apporter.

Car le bien universel de chacun et de tous, voilà ce que doit produire, dans l'unité nouvelle, tout rapprochement, toute action de chacun des éléments matériels et moraux que cette unité est appelée à réunir.

IX

En présence donc d'un avenir si merveilleux et si grandiose, dont l'avénement prochain ne peut être révoqué en doute, et dont nous allons voir que déjà la formule nous est révélée, qui pourrait davantage se troubler de ce que le présent offre encore d'incertain, de douloureux ou de pénible ? Qu'importe que les efforts et l'héroïsme de Garibaldi aboutissent ou n'aboutissent pas à réaliser dans son entier l'unité et l'affranchissement matériel de l'Italie ; qu'importe que le roi Victor-Emmanuel voie ou ne voie pas se maintenir sous son sceptre les provinces soulevées des Deux-Siciles, de Naples ou des Etats romains? Qu'importe encore que le pape Pie IX conserve ou ne conserve pas la ville et le territoire de Rome pour sa résidence? qu'importe même la résistance plus ou moins persévérante de l'Autriche à se départir de sa domination sur la Vénétie?

Toutes ces questions que l'on proclame comme si capitales ne sont, en réalité, qu'accessoires et secondaires.

Et, à nos yeux, elles ne prennent une véritable importance qu'en ce que les mouvements qu'elles signalent nous apparaissent comme autant de symptômes de ce besoin nouveau, le besoin d'unité, qui travaille aujourd'hui les cœurs autant que les intelligences, et, après toutes les phases de division et de haine, si hostiles et si opposées à tout développement et à tout progrès, tant des peuples que des individus, inaugure pour les uns et pour les autres la phase véritablement morale et progressive de leur union, de leur concorde et de leur sympathie, leur montrant que, seule, elle pourra leur permettre la réalisation d'un affranchissement *absolu et définitif.* Car, seul, le principe de cette unité, une fois admis, non-seulement fera tomber toutes les barrières, toutes les entraves matérielles qui font aujourd'hui obstacle à l'établissement de toutes les autres unités, mais encore et surtout elle calmera et fera cesser tous les antagonismes, toutes les jalousies et toutes les susceptibilités morales qui, supposé même ces unités réalisées, maintiendraient suspendue sur la tête de ceux qui en jouiraient, *comme une épée de Damoclès,* troublant pour eux dans le présent la sécurité de tout le progrès acquis, et, tout en se posant déjà en obstacle à son développement, promettant, tôt ou tard, d'en effectuer la ruine.

Aussi, à nos yeux, serait-ce bien peu pour la paix du monde que, suivant le programme tracé par une bouche auguste, l'Italie se fît (par sa propre énergie ou autrement) *libre jusqu'à l'Adriatique.*

Passât-elle tout entière, comme elle l'ambitionne, sous le sceptre libéral du roi Victor-Emmanuel; dégageât-elle, suivant le vœu de Garibaldi, la ville de Rome elle-même du gouvernement si blâmé des cardinaux, pour proclamer du haut du Quirinal son affranchissement et sa nouvelle unité nationale, pense-t-on que, pour cela, elle serait bien avancée dans le vrai progrès, et aurait pleinement réalisé et assuré cet affranchissement?

Combien d'autres peuples avaient, eux aussi, conquis leur liberté! l'ont-ils conservée? Pense-t-on que l'Autriche, fût-elle même dépouillée de la Vénétie, se rallierait pleinement au nouvel ordre de choses, au point d'abandonner toute prétention pour l'avenir? Qu'elle se soumette au fait de sa dépossession, je le veux bien; mais ne conservera-t-elle pas, par

devers elle, un espoir, une arrière-pensée de profiter de la
première occasion de ressaisir ce qu'elle appelle son droit, et
en vertu de cet espoir ne suscitera-t-elle pas aux Italiens des
troubles ; n'emploiera-t-elle pas tous les moyens pour enve-
nimer leurs dissensions intestines, en excitant la jalousie
réciproque de tous ces petits États encore mal unis, et mal
assimilés de mœurs, de goûts et d'habitudes, et qui n'ont
point encore perdu le souvenir de leurs anciennes rivalités ?
Le désaccord regrettable qui déjà s'est produit entre Garibaldi lui-même, tout entier à la mission qu'il s'était donnée
d'affranchir totalement son pays en dehors de toutes les considérations politiques, et M. de Cavour que retiennent encore
les considérations méticuleuses d'une politique moins fran-
che ou moins hardie, n'a-t-il pas sa source première dans les
influences occultes soit de l'Autriche elle-même, soit des
princes dépossédés, soit encore du haut clergé de divers
pays se faisant volontiers l'instrument de manœuvres propres à faire triompher ce qui pour lui est encore la *légitimité*
du droit.

Mais je veux qu'en dépit de toutes les manœuvres, de toutes les intrigues et même de toutes les résistances, l'Italie ait
réussi à assurer pleinement son indépendance contre toutes
les tentatives extérieures, et à faire, pour le présent et pour
l'avenir, reconnaître son unité, son autonomie par les grandes puissances de l'Europe ; la voilà comme les autres peuples qui jouissent de leur liberté, comme l'Angleterre, comme
la Belgique, comme l'Espagne, etc., libre de marcher et de se
développer dans le progrès.

Mais de quelle nature sera ce progrès pour les populations
italiennes ? A ces populations artistes, descendant de cet ancien peuple romain qui ne demandait à ses gouvernants que
du pain et des spectacles, et qui toujours plus enthousiastes
des arts que de l'industrie, ne se sont jamais montrées pas-
sionnées que pour des poésies, des peintures, des danses, des
chants, etc., ferons-nous beaucoup goûter la *prime* ou le *report*
de nos spéculations boursières sur des actions de *chemins de
fer*, des *canaux*, des usines ; la hausse et la baisse du cours
des denrées, etc. etc. ?

Que sera-ce si, par une inintelligente extension du principe
de *liberté* individuelle, une prétendue émancipation de la
femme, de l'enfant, etc. laisse s'éteindre chez ce peuple le
foyer même de son génie en tarissant comme chez nous les

2

sources *idéales* de l'idée religieuse et morale, savoir : l'enthousiasme du sentiment, le respect de l'innocence, de l'expérience, le dévouement à la faiblesse, etc., la déférence à l'âge
avancé, etc., etc. ?

Que sera-ce encore si, tentant d'inaugurer chez ce peuple
même une fausse et funeste *égalité*, nous enlevons à sa noblesse, à ses sommités intelligentes, les loisirs nécessaires
au développement de leurs goûts artistiques, et les richesses
propres à stimuler ce développement chez les populations
elles-mêmes, par l'étalage des pompes et des magnificences
extérieures ?

Certes à ce peuple qui est tout âme, poésie et sentiment,
nous ferions un présent bien triste, si en voulant lui apporter
le bien-être de son corps (dont il se soucie à peine, et dont il
n'a que faire, ce bien-être du reste lui étant assuré par le peu
de besoins matériels que lui créent son climat et la bénignité
de son ciel), nous lui ravissions tout ce qui doit faire sa valeur, son utilité, sa gloire, je veux dire : son génie, son enthousiasme, sa foi ; ce qui est tout ce qui lui donne sa raison
d'être, comme créateur et vulgarisateur d'un *idéal* bien nécessaire à notre époque surtout, comme compensation et contre-poids à l'exagération des tendances et des absorptions
matérialistes des autres pays européens.

Oh ! oui, nous aussi nous demandons la liberté et l'affranchissement de l'Italie, mais ce n'est point pour la voir entrer
avec notre ardeur fiévreuse dans le positivisme des développements matériels, qui, chez ce peuple surtout, tuerait toute
la puissance de son génie idéal ; c'est, au contraire, pour que,
n'étant plus assujettie à des impôts qui ravissaient toute sa
subsistance matérielle et l'astreignaient à des travaux répu-
gnant à l'essor de sa puissance idéale, elle ait, pour le développement de cette puissance, et les loisirs résultant de l'absence chez elle de toutes les préoccupations de la vie brutale,
et les stimulants apportés par le déploiement extérieur du
luxe et de toutes les magnificences. C'est encore pour que,
rien n'entravant chez ce peuple l'intelligence des véritables
lois du progrès, rien aussi ne l'empêche d'entrer en communication ni des progrès déjà réalisés, ni des besoins appelant
chez les autres peuples des progrès nouveaux, et auxquels
lui aussi il puisse se rallier et concourir, mais toujours et
surtout dans la spécialité de sa puissance idéale.

Dans tout autre cas, et si la liberté du peuple italien ne

devait avoir pour résultat que de développer chez lui comme
chez nous les goûts de la vie positive, lui faisant échanger
ainsi, comme autrefois Esaü et comme beaucoup de peuples modernes, son droit d'aînesse *contre un plat de lentilles,*
ah! nous l'engagerions à dire à la liberté elle-même : *Raca,*
et plutôt que de voir dépérir son âme par la dissolution des
liens moraux qui en sont la vie, nous le supplierions de conserver ces liens, dût-il pour cela ne point secouer les chaînes
qui garrottent son corps.

Mais nous espérons ne point avoir à déplorer, chez le peuple italien, de pareilles conséquences de sa liberté. Nous pen-
sons que son génie même le sauvera du positivisme des absorptions matérielles, et de la dissolution morale qu'il en-
traînerait infailliblement à sa suite.

Cependant nous appelons sur ce danger l'attention sérieuse
du roi Victor-Emmanuel et de son gouvernement, à la direction duquel ce peuple s'est livré avec tant de confiance et
d'enthousiasme, se remettant à la sagesse de ce premier et
chevaleresque soldat de l'indépendance italienne, du soin de
l'organisation d'où doivent dépendre tout le salut et tout le
bonheur de son avenir.

Nous ne savons jusqu'à quel point l'application entière du
Statut piémontais serait possible et profitable, de suite du
moins, surtout aux populations du midi de l'Italie, comme à
celles mêmes de la Toscane et des Etats Romains.

Peut-être faudrait-il à ces populations des institutions *de
transition* qui donnassent pour le moment à la liberté morale
des individus un développement moins complet, et conser-
vassent la partie du peuple la moins développée, sous une
sorte'de tutelle et de direction *familiales,* pour prévenir chez
les individus ou les dangers de l'isolement, et d'une initiative
prématurée, en raison de leur inexpérience ; ou ceux même
d'un entraînement irréfléchi, au point de vue de leur direction matérielle.

Certes ce que nous demandons pour l'Italie, nous le de-
manderions bien volontiers pour d'autres pays et pour le
nôtre même, si les institutions le permettaient, et nous vou-
drions bien que nos législateurs considérassent un peu que
c'est bien plus l'impuissance où se trouve la femme de se
suffire *moralement,* que les difficultés de sa subsistance ma-

térielle, qui jette dès le plus bas âge la plupart des jeunes
filles dans le dévergondage et le désordre, éloignant la jeu-
nesse des deux sexes de la vie régulière du mariage et de la
famille, pour la maintenir, pendant la plus grande partie de
son existence, dans des habitudes d'inutilité et même de dis-
sipation, aussi nuisible à la moralité qu'au bien général, et
tout à fait contraire à une bonne direction même *économique*
des forces et des puissances de la société.

Certainement qu'une tutelle plus sévère des parents, du
mari, et à leur défaut, *d'un conseil spécial de famille*, empê-
cherait tous ces excès et en préviendrait les tristes et fu-
nestes conséquences dont toute la société elle-même n'a pas
moins à souffrir que ceux mêmes qui en sont d'abord les
instruments pour en devenir plus tard les malheureuses victimes.

Nous le répétons et nous le demandons à tous les législateurs qui vont être chargés de la nouvelle organisation sociale de l'Italie, et non-seulement à eux, mais encore à quiconque serait appelé à donner des institutions à n'importe
quel peuple, *que jamais, chez aucune nation, la liberté n'arrive
à favoriser ni l'isolement de l'individu ni la dissolution d'aucun lien ou d'aucun devoir* tant de la famille que de la société,
à ce prix seulement ce principe pourra être bon et profitable :
car (et c'est la conclusion principale que nous voulons que
l'on tire de toute notre dissertation sur l'Italie et sur toute la
situation actuelle) pour les peuples comme pour les individus
la liberté, quelque nécessaire qu'elle soit aux uns et aux autres, *ne serait qu'une entrave et un présent funeste si elle ne
devenait pour eux* le principe *et le chemin même de leur ralliement à l'*UNITÉ.

Saluons donc comme une aurore nouvelle l'apparition de
ce grand principe d'Unité inauguré enfin par la Révolution
italienne, mais depuis longtemps préparé par le malaise
même de tous les peuples civilisés, s'agitant depuis de longues années dans une impuissance et des troubles perma-
nents, en apparence fomentés surtout par le sentiment de
leur besoin de liberté, mais en réalité trouvant leur cause
principale, quoique ignorée, dans le besoin d'une unité plus
vraie, plus logique, plus morale, vers laquelle la liberté ne
devait être en quelque sorte que comme *une première
étape.*

Mais, comprenant enfin les voies mystérieuses de la Providence, gardons-nous aussi de dire *raca* à cette liberté dont le premier travail, en apparence tout de dissolution et de destruction de l'unité et de tout lien moral, devait seul néanmoins rendre possible, tant entre les peuples qu'entre les individus, l'inauguration spontanée, intelligente et durable soit de l'unité vraie, logique, universelle ; soit du seul véritable lien moral résultant de l'intelligence même de leur puissance et de leur utilité réciproque ; de l'acceptation par tous de ces facultés dans la spécialité de leurs fonctions, et aussi du dévouement intelligent, libre et volontaire de chacun à tous et de tous à chacun ; les uns et les autres ayant été initiés, poussés et ralliés à ce dévouement, d'abord *par le renversement*, produit par le principe de liberté, *de toutes les unités fausses, factices* ou *restreintes ;* puis ensuite *par les excès mêmes de leur liberté* et l'impuissance créée à tous par cette liberté même de se conserver physiquement et moralement *en dehors de cette unité.*

Il nous reste maintenant à montrer que l'époque de cette unité est bien véritablement arrivée, et que ce que nous appelons une aurore, n'est point, comme dans les âges passés, un pâle feu-follet destiné à briller un instant dans l'obscurité pour se dissiper bientôt dans l'atmosphère replongée de nouveau dans une obscurité plus noire et plus triste.

Pour cela nous allons exposer en peu de mots les bases générales sur lesquelles devront s'asseoir l'unité et la liberté nouvelle non moins des peuples que des individus ; et les arguments *tirés de la nature même des choses*, sur lesquels ces bases seront établies, ne laisseront point de doute, nous l'espérons du moins, qu'en elles ne résident les dogmes et les principes vrais de la nouvelle et dernière civilisation de l'avenir ; après quoi, pour achever de prouver encore davantage la vérité et la puissance de ces principes, nous les appliquerons, comme nous venons de le faire pour la question d'Italie, à la solution des questions si importantes d'*Orient* et de la *papauté*, lesquelles à nos yeux, avec celle d'Italie, intéressent tout l'avenir de la civilisation moderne.

Par la lumière que jetteront ces principes sur l'ensemble des questions les plus capitales de notre époque, nous espérons qu'ils réussiront à prouver et leur vérité et leur utilité, ainsi que la nécessité flagrante de leur adoption pour la vie pratique, et pour toutes les relations morales, religieuses, politiques et sociales, autant des individus que des sociétés et des peuples.

UN NOUVEAU PRINCIPE POLITIQUE

DEUXIÈME PARTIE

—

LES BASES RELIGIEUSES, PHILOSOPHIQUES, MORALES ET SOCIALES DE LA POLITIQUE NOUVELLE

ou

CE QU'IL FAUT SAVOIR ET CONNAITRE SUR DIEU, SUR L'HOMME ET SUR LA NATURE ANIMÉE ET INANIMÉE POUR L'INAUGURATION DE CETTE POLITIQUE ET LA SOLUTION DE TOUTES LES QUESTIONS RELIGIEUSES, POLITIQUES ET SOCIALES DU PASSÉ, DU PRÉSENT ET DE L'AVENIR DE LA SOCIÉTÉ HUMAINE.

I

CE QU'IL FAUT SAVOIR DE DIEU.

CONNAISSANCE DE L'ÊTRE DIVIN,

1º COMME PRINCIPE PREMIER, UNIQUE ET UNIVERSEL de tous les êtres existants ou possibles, créateur et ordonnateur de toutes leurs facultés et de toutes leurs harmonies. L'unité de Dieu ou de la cause première exclut la possibilité qu'il existe en dehors de cette cause *aucun autre être en rivalité* avec elle, et qui puisse entraver ou arrêter aucun de ses desseins.

CONNAISSANCE DE L'ÊTRE DIVIN,

2º COMME ÊTRE SOUVERAINEMENT INTELLIGENT, SOUVERAINEMENT SAGE, SOUVERAINEMENT PUISSANT et SOUVERAINEMENT BON, qui n'a ni pu ni voulu créer aucun être, ni aucune faculté des êtres qui n'ait sa raison, sa nécessité d'exister pour l'utilité et l'har-

monie générales, — par conséquent, *croyance à l'utilité et à
la bonté de tous les êtres*, lesquels ne peuvent devenir mauvais *que par l'effet de relations fausses*, et que leur nature
ne comporte pas.

CONNAISSANCE DE L'ÊTRE DIVIN,

3° Comme TRINITÉ, tel que nous l'a révélé le principe chrétien, — constituant par conséquent, dans son essence, l'être
divin de *trois principes*, individualités ou personnes différen-
tes, savoir : le PÈRE, ou principe *majeur* initiateur de la pensée créatrice ; — le FILS, principe *mineur*, chargé plus spécialement de la *réalisation active* de cette pensée, ensuite de sa
communication avec le Père ; enfin, l'ESPRIT-SAINT, principe
mixte, procédant des deux autres et destiné à les unir entre
eux par le sentiment et la révélation du bonheur résultant
pour tous deux de leur communication mutuelle. (Dans la
Trinité divine se trouve le type de la constitution *trinaire* de
tous les autres êtres, et du rôle *initiateur*, ou *réalisateur*, ou
uniteur dévolu à chacun de ces êtres dans ses rapports avec
tous les autres.)]

II

Ce qu'il faut savoir de l'homme.

1° CONNAISSANCE DE SA MISSION TERRESTRE, qui est de représenter et manifester Dieu sur notre globe en y établissant
l'ordre et l'harmonie de tous les éléments qui le constituent
ou en font partie, de même que de tous êtres animés et inanimés qui l'habitent ou s'y rattachent ; ce que l'humanité collective (et non pas aucun individu) réalisera en amenant chaque homme à ne se plus servir *de tous ces éléments et de tous
ces êtres,* que *conformément aux facultés ou puissances ma-
jeures ou mineures départies à chacun,* et à n'appliquer uniquement ces êtres et leurs facultés qu'à la fin *pour laquelle
chacun de ces êtres a été créé,* qui est d'aider et de concourir,
par son action spéciale, au développement harmonique de
l'action et des facultés de tous les autres êtres, sans établir
pour aucun d'eux ni embarras ni obstacle.

Nota. Cette harmonie de tous les êtres terrestres, réalisée, constituera sur notre globe *le règne de Dieu*, dont ainsi la volonté sera faite *sur la terre comme au ciel*, suivant la demande exprimée dans le *Pater* chrétien, et aura pour résultat de replacer et maintenir notre terre en harmonie avec toutes les autres sphères célestes, par conséquent d'en faire disparaître toutes les intempéries, incertitudes de saisons, évaporations de miasmes, et généralement tous les principes de corruption et de détérioration de notre vie physique. (Voyez ci-après page 44 et suiv.)

2° CONNAISSANCE DE L'HUMANITÉ COLLECTIVE COMME UNITÉ, c'est-à-dire comme ne pouvant remplir pleinement sa mission, ci-dessus indiquée, d'établir et de maintenir en harmonie les éléments et êtres divers faisant partie de son globe, que par le concours actif et *unitaire* de toutes les individualités et collectivités (individus, familles, peuples) dont elle est appelée à se composer, et qui, toutes, lui sont tellement nécessaires, que la suppression, le non-fonctionnement (ou le fonctionnement incomplet) même d'une seule de ces individualités suffit à paralyser ou limiter sa puissance, et tient nécessairement dans l'impuissance, dans le mal et dans la souffrance, non-seulement l'individu inutile, mais tous les autres.

Croyance donc à l'utilité de *tous* les hommes et *de toutes leurs* facultés, et à la nécessité que pas un seul ne refuse son action au bien commun, ce refus devant entraîner l'impossibilité de salut *et pour lui et pour tous les autres* (Solidarité universelle).

3° CONNAISSANCE AUSSI DE L'HUMANITÉ COLLECTIVE COMME TRINITÉ, c'est-à-dire comme étant constituée dans son essence, de manière à représenter, comme la Trinité divine, *trois principes* ou éléments différents dont l'action collective et spéciale est nécessaire au développement et à l'efficacité de sa puissance, savoir : la *pensée* initiatrice, l'*action* réalisatrice, et le *sentiment* uniteur.

Croyance donc que, parmi les hommes, par une constitution et une *prédestination* directes, des aptitudes spéciales, manifestées surtout par la prédominance de tel ou tel tempérament, en rapport avec l'âge, le sexe, le plus ou moins de développement, etc., rattachent les uns (tant comme familles et peuples que comme individus) au rôle spécial de *pensée* initiatrice que nous avons vu dans la Trinité divine être dévolu au Père; — il est indiqué dans l'homme par la prédominance des tempéraments bilieux et bilieux nerveux (1); les autres, au rôle spécial d'*action* réalisatrice; c'est le rôle qui, dans la Trinité divine, est dévolu au Fils. Il est indiqué dans l'homme par la prédominance des tempéraments bilieux-sanguin et sanguin-musculaire (2); d'autres, enfin, au rôle de sentiment *uniteur.* C'est en Dieu le rôle spécial de l'Esprit-Saint. Dans l'homme, il est le partage de tous ceux en qui prédominent les tempéraments nerveux-sanguin, sanguin-lymphatique, etc. (3).

4° CONNAISSANCE DE L'HUMANITÉ COMME SPÉCIALITÉS, c'est-à-dire croyance que, suivant qu'un homme (ou un peuple) est plus spécialement rattaché par ses aptitudes, en raison de son tempérament, son âge, son sexe, son développement, etc., ou à la *pensée*, ou à l'*action*, ou à la puissance du *sentiment*, il ne peut réellement avoir sa pleine puissance et toute son utilité *que dans un rôle conforme à ces aptitudes,* lesquelles constituent et indiquent la spécialité de sa vocation et de sa prédestination au point de vue de l'harmonie générale; qu'ainsi placé et développé dans sa vocation, toujours manifestée par son attrait dominant (4), tout homme ou tout peuple a une utilité de puissance pour laquelle *ni un autre homme ni un autre peuple ne pourrait le remplacer;* qu'il est, par conséquent, de l'intérêt *de tous* de favoriser le développement et l'action *libres* de cet homme dans la *spécialité*

---

(1) Le vieillard, le philosophe, le prêtre (prédominance du tempérament *bilieux* ou *bilieux-nerveux*). — Comme peuples : les Orientaux. (Voir ci-après, page 49.)

(2) Le jeune homme et l'homme de l'âge mûr. Dans le jeune homme, prédominance du tempérament *musculaire.* — Dans l'homme de l'âge mûr, prédominance plus générale du tempérament *sanguin.* — Comme peuples : Les nations du nord de l'Occident.

(3) Les enfants (prédominance lymphatique); les femmes, les poëtes, les artistes (prédominance nerveuse). — Comme peuples : Les nations du midi de l'Occident, et plus spécialement la France. (Voir ci-après, page 58 et suiv.)

(4) C'est ce qu'indique l'axiome de Charles Fourier : *Les attractions sont proportionnelles aux destinées.* Ajoutons : *les destinées sont proportionnelles à la liberté laissée aux attractions.*

de rôle que ses facultés lui assignent, bien loin de l'obliger à aucun autre rôle, où il ne pourrait être qu'incapable, inutile, et le plus souvent nuisible par les obstacles qu'il apporterait à l'exercice du même rôle de la part de celui que ses facultés y prédestinaient.

5° CONNAISSANCE DE L'HUMANITÉ COLLECTIVE COMME HIÉRARCHIE, c'est-à-dire croyance que, dans les rapports que doivent avoir entre eux les hommes de pensée, les hommes d'action et les hommes de sentiment, de même que les peuples plus spécialement rattachés à l'un ou à l'autre de ces éléments, 1° le rôle *majeur* ou d'initiative et de direction *morale* appartient, par leur nature même, aux hommes et aux peuples que leur tempérament (bilieux et bilieux-nerveux) et leurs aptitudes rattachent à la pensée : vieillards, philosophes, prêtres, magistrats, desquels les deux autres éléments sont obligés de suivre les inspirations morales, sous peine de ne pouvoir se conserver en harmonie entre eux ni matériellement, ni moralement, et auxquels, par conséquent, ils doivent le concours de leurs facultés spéciales, savoir : l'homme d'action, *une part des fruits de son travail*; et l'homme de sentiment, son respect, sa déférence et *les expansions de sa bienveillance*; 2° le rôle *mineur* ou de réalisation *matérielle* doit être spécialement le partage des hommes et des peuples que leur tempérament (sanguin et sanguin-musculaire), leurs goûts et leurs aptitudes rattachent plus spécialement aux travaux et aux industries matérielles : jeunes hommes et hommes de l'âge mûr, etc., auxquels incombe uniquement toute direction (tempérament sanguin, hommes mûrs) et toute exécution (tempérament musculaire, jeunes hommes) des industries et travaux matériels, mais qui, pour toutes les choses de l'ordre moral et de l'ordre du sentiment, doivent suivre les inspirations spéciales des hommes rattachés à l'un ou à l'autre de ces éléments, sous peine de ne pouvoir se conserver en harmonie ni entre eux, ni avec ces derniers, à la conservation matérielle desquels ils sont aussi tenus de pourvoir et de veiller (impôts), en raison du concours moral qu'ils en reçoivent, ce concours devenant le principe de tous leurs progrès et le seul moyen de leur conservation même matérielle ; 3° enfin, que le rôle *mixte* ou d'attraction sentimentale est l'apanage particulier de tous les hommes et peuples, que leur tempérament (tempérament nerveux, tempérament lympha-

tique) et la nature de leurs aptitudes, de leur développement, etc., constituent faibles pour l'*initiative ou la direction*,
soit de la pensée, soit de l'action, mais douent, en revanche, de la spontanéité des *intuitions instinctives* ou du *sentiment* (femmes, enfants), ou de l'*idéal*, c'est-à-dire du beau et
de l'harmonie et de leurs manifestations (poëtes et artistes).
Leur rôle est celui-ci : pour toutes les choses de l'intelligence
et de la pensée morale (ordre moral et religieux), *docilité aux
inspirations et à la direction des hommes de pensée*, lesquels
leur *doivent* ces inspirations et cette direction ; pour toutes
les choses de la réalisation et de l'exécution matérielles, docilité aux inspirations et *à la direction des hommes d'action*,
lesquels ainsi sont tenus d'affranchir de tout souci d'initiative personnelle physique les hommes et les peuples de sentiment (femmes, enfants, artistes, poëtes), mais de qui, en
revanche, ils recevront l'inspiration de toutes les délicatesses
du cœur (le dévouement au faible), la révélation des charmes
et des ineffables bonheurs des communications de la vie in-
time (famille, relation d'amitié, etc.) ; enfin, les exaltations et
les enthousiasmes enivrants des sublimes intuitions du bonheur de notre affranchissement complet, et des merveilleuses
harmonies de notre existence future (inspiration prophétique).

Croyance donc, pour résumer toute cette hiérarchie, qu'il
n'y a *ni vérité, ni conformité à l'ordre et aux lois naturelles*,
ni par conséquent possibilité d'harmonie et de conservation,
dans toute condition, toute organisation sociale qui, ou n'affranchissant pas suffisamment de tout souci personnel de sa
conservation matérielle l'homme et le peuple nés pour la
pensée, tend à donner à cet homme ou à ce peuple un rôle
inférieur et privé d'initiative à l'égard des hommes ou des
peuples nés pour le travail matériel, ou des hommes et des
peuples nés pour le sentiment; ou qui, laissant les hommes et
les peuples nés pour l'action, ou ceux nés pour le sentiment
prendre dans la sphère de la pensée un développement ou
un rôle d'initiative *que leur nature ni leurs facultés ne com-
portent*, les met en position de refuser à ce point de vue
leur soumission aux inspirations de l'homme de pensée; ou
qui enfin, n'affranchissant pas suffisamment du souci de leur
conservation personnelle les hommes et les peuples organisés
pour le sentiment, met ces hommes et ces peuples dans la
nécessité de pervertir *en les asservissant aux fantaisies et
aux passions brutales de l'homme d'action matérielle*, les

nobles intuitions du sentiment, les hautes inspirations de l'art et du talent, créées au contraire pour dégager ces hommes et ces peuples de toute brutalité et de toute passion égoïste ;

Qu'en conséquence, il faut : 1º à l'homme, à l'âge et au peuple nés pour la pensée, une éducation *spéciale*, les développant surtout pour les études et les recherches de la pensée (1), *en dehors de tout souci ou de toute direction matérielle* ; 2º à l'homme, à l'âge et au peuple nés pour l'action, une spécialité différente d'instruction et d'éducation, les développant surtout pour la direction et la domination des éléments physiques (2) ; 3º enfin à l'âge, aux hommes et aux peuples plus spécialement investis d'un rôle de sentiment (enfants, femmes, poëtes), une autre spécialité d'éducation tendant surtout à conserver et à développer en eux l'enthousiasme du beau et du bon, et une sympathie bienveillante pour tous les faibles, en les maintenant soumis et à la direction *morale* de l'homme de pensée, et à la direction *matérielle* de l'homme d'action (3) (au prêtre et à la famille).

Nota. Cette éducation que nous demandons différente en raison de l'âge, du sexe, du tempérament et du rôle assigné par ce tempérament, cet âge, etc., n'établit point d'entrave à la liberté ni au développement de qui que ce soit, et ne constitue par conséquent *ni caste ni privilége*. Elle ne fait que rendre les développements successifs et appropriés aux fonctions imposées à chacun par le rôle qu'il va avoir à remplir en raison même des tendances de ses facultés naturelles. Ainsi, il y aura l'éducation spéciale de l'enfance (4), consis-

---

(1) Éducation libérale, absolue et complète : langues et littératures universelles, sciences physiques et morales et politiques, religions, philosophies, histoires, etc. Nous reviendrons sur ce sujet.

(2) Éducation religieuse et surtout *professionnelle*, langue et littérature, sciences physiques et mathématiques, astronomiques, géographiques, histoire des développements *industriels* de l'humanité.

(3) Éducation religieuse et morale avant tout, étude des beautés de la nature et de l'art, langue, littérature, beaux-arts, dessin, peinture, musique, science physique, histoire naturelle, botanique, hygiène, pratique culinaire, médicale, pharmaceutique, etc.

(4) Jusqu'à l'âge de 8 à 9 ans.

tant presque uniquement dans l'étude des beautés extérieures de la nature, manifestant les perfections du Créateur, et développant le sentiment religieux ; et dans les éléments des arts, de la langue, etc. ; — l'éducation plus avancée de l'adolescence (1), qui joindra à la première l'étude des sciences physiques et mathématiques, et leur application à une *profession* spéciale ; — l'éducation des jeunes hommes (2), continuant les deux premières par l'exercice *actif* d'une profession, sous la conduite et la direction matérielle des hommes de l'âge mûr, et achevant de les perfectionner dans les sciences physiques et mathématiques, et dans les principes de leur application aux arts et à l'industrie pour les rendre aptes à remplir les fonctions de directeurs de travaux, qui sont plus spécialement l'apanage des hommes de l'âge mûr (3) ; lesquels, tout en dirigeant les travaux matériels de leur industrie, ajouteront à leurs études précédentes l'initiation à une direction morale, par celle de leur propre famille, de leurs ouvriers et travailleurs, par l'étude de l'histoire, c'est-à-dire de la vie et des développements politiques et moraux de toutes les nations, etc., etc., et aussi par la part qu'ils commenceront à prendre au mouvement de la vie civile et politique comme électeurs, membres de conseils d'administration communale, etc., etc., jusqu'à l'âge de 50 à 55 ans, et au plus tard 60, où le développement de leurs connaissances intellectuelles, et de leur expérience de la vie et de la direction morale, jointe au calme de leurs sens, leur permettra de prendre part à la direction morale de la vie *religieuse et politique* de leur pays, suivant leur capacité, comme *prêtres, pontifes, législateurs, princes* et *chefs d'Etat,* etc.

Dans ces principes, donc, sauf des cas de vocation bien prononcée, ce seront seulement les âges qui détermineront le classement de tel ou tel individu, et le rattacheront ou à l'élément de la pensée, ou à l'élément de l'action, ou à l'élément du sentiment, et, dans ce cas, la nécessité de notre hiérarchie s'impose d'elle-même et n'a besoin d'aucune justification.

---

(1) De l'âge de 8 à 9 ans jusqu'à la puberté (15 à 17 ans).
(2) Environ de l'âge de 15 à 30 ans.
(3) De l'âge de 30 à 50 ans.

Pour ce qui concerne les peuples, nous verrons que les vocations sont chez eux toutes déterminées d'avance, bien plus encore que chez les individus, et que chaque peuple, suivant la zone qu'il habite, a une prédominance bien marquée, ou pour l'initiative des choses de la pensée, ou pour les travaux et les industries matérielles, ou enfin pour les choses du sentiment et les manifestations idéales, artistiques, etc. Chez ces peuples donc, tout en laissant pleine liberté à tous les essors, la constitution elle-même devra favoriser le développement surtout *des tendances dominantes de la nation,* qui seules peuvent lui donner toute son *autonomie* et par conséquent toute sa valeur et toute son utilité.

1° CONNAISSANCE DE L'HUMANITÉ COMME LIBERTÉ, au point de vue de la nature de cette liberté, c'est-à-dire croyance que tout individu ou tout peuple, à quelque élément que le rattachent son tempérament, son développement ou ses aptitudes, soit à la pensée, soit à l'action, soit au sentiment, non-seulement doit être pleinement *libre* de n'agir que suivant ses aptitudes, mais doit trouver pleinement *aide et appui* pour se développer dans le sens de ses facultés.

Mais croyance aussi qu'à aucun homme ni à aucun peuple, ou de la pensée, ou de l'action, ou du sentiment, il ne doit être permis de s'isoler ou de se tenir à l'écart des autres éléments, *ni de rester inutile* vis-à-vis d'eux et de les priver de son concours. Le Christ n'a-t-il pas dit qu'il faut *que le médecin vive au milieu des malades*, précisément parce que c'est à ceux-là surtout que son art peut être utile; et lui-même ne fréquentait-il pas des pêcheurs et des femmes de mauvais renom, précisément parce que c'étaient ceux à qui ses conseils étaient le plus nécessaires?

Quiconque, en effet, individu ou peuple, s'isole de la société et se tient en dehors de la vie commune, se prive d'un côté des moyens de développer ses facultés propres, et de l'autre, de l'occasion de les rendre utiles; mais en même temps il prive du contre-poids qui leur était nécessaire ceux à qui ses facultés étaient destinées à en servir. C'est comme un écolier qui abandonne ses professeurs ; où prendra-t-il sa science? ou un médecin qui s'éloigne de ses malades : n'aura-t-il pas la responsabilité de leurs souffrances, et même de leur mort? Tous les hommes et tous les peuples, ayant été

créés avec des facultés spéciales dont le concours est indispensable au développement universel, l'isolement ou l'inutilité d'un seul compromet ce développement et contribue à
maintenir la souffrance générale, en rendant impossible
notre affranchissement.

7° CONNAISSANCE ENCORE DE L'HUMANITÉ COMME LIBERTÉ, *au point
de vue du moyen de l'obtenir dans sa plénitude*, c'est-à-dire
croyance que ni individu, ni peuple, ne pourra jouir pleinement de la liberté de tous ses essors qu'autant que son ralliement et son union matérielle et morale avec *tous* les autres
peuples et tous les autres individus, *le faisant pleinement
accepter* par eux dans toute la spontanéité et l'utilité de ses
facultés, ou pour la pensée, ou pour l'action, ou pour le sentiment, et ceux-ci l'appuyant de tout le concours dévoué de
leurs facultés propres, il ne sera empêché ou limité dans ses
élans, *ni par ses impuissances propres*, ni par les obstacles
étrangers, toutes entraves contre lesquelles il se débattrait
en vain en dehors de cette union, et qui sous tous ces points
paralyseraient les essors de sa liberté.

Croyance donc que le ralliement de chacun à la vie sociale
dans nos principes, loin de nuire aux essors de la liberté des
individus et des peuples, ne fera au contraire que la compléter et l'établir pour tous dans sa plénitude, ce que l'impuissance individuelle de chacun lui rendrait impossible,
même en dehors de tout obstacle étranger.

8° CONNAISSANCE DE L'HUMANITÉ COMME PUISSANCE, c'est-à-dire
en premier lieu croyance, que ce n'est ni à un individu, ni
à une famille, ni à un peuple qu'a été donnée la puissance ;
que bien au contraire, aucun individu, aucune famille et
aucun peuple (qu'il se rattache à l'élément de la pensée, ou
à l'élément de l'action, ou à l'élément du sentiment, ou même
qu'il les réunisse tous les trois, comme nous le verrons au sujet
de la France), ne peut se conserver isolé ni se développer
dans la plénitude de ses facultés, en dehors du concours de
tous les autres peuples et d'une communication harmonique
avec eux ; qu'ainsi donc la puissance dans l'Humanité appartient non à un, *mais à tous;* qu'il faut pour cette puissance
le ralliement et l'union entière de tous, tellement de tous
que, par le manque d'utilité ou de concours même d'un seul,

non même d'un seul peuple, mais d'un seul individu, la puissance, la conservation de tous est compromise, reste incomplète.

Mais si la puissance individuelle de chacun est nulle pour sa conservation personnelle, elle est immense pour produire comme pour empêcher la conservation de tous les autres. Dans l'Ecriture il est dit que *dix justes eussent sauvé Sodome*. Il est dit aussi que la conversion d'un pêcheur produit de la joie *dans le ciel*. En effet, le mauvais vouloir ou la souffrance même d'un seul homme *ébranle le ciel même* et en compromet l'équilibre. Si petit qu'il paraisse sur la terre tout homme est la condensation d'un fluide, qu'*il tire d'une étoile* comme d'un foyer. En équilibre physique et moral avec ses semblables, *il exerce sur son étoile une attraction régulière et la maintient elle-même en équilibre avec toutes les autres* (1). Une contrariété physique ou morale opérant dans lui une concentration de fluide y produit comme une *pléthore* fluidique *qui faisant cesser son attraction à l'égard de son étoile en dérange l'équilibre* dans ses rapports avec les autres astres, *lesquels se trouvent ainsi troublés eux-mêmes* dans l'harmonie de leurs rapports mutuels. Que de là il en rejaillisse sur notre globe un dérangement de son propre équilibre et par conséquent de ses températures, nous croyons qu'il n'y aurait rien d'étonnant, et nos principes nous paraissent déjà en montrer la possibilité indépendamment des démonstrations même physiques (2) qu'on en pourrait donner.

---

(1) C'est, comme on le voit, le contraire de ce que l'on avait cru. On pensait que l'homme était influencé même dans son action morale par les étoiles. C'était soumettre l'esprit à la matière et nier notre liberté. Mais quelles conséquences au contraire de la liberté humaine, au point de vue de nos principes, et combien il devient important de ne lui donner qu'un essor bon et utile !

(2) Ces démonstrations, l'auteur les donnera plus tard dans un autre ouvrage ; il se contente d'en exprimer ici l'idée. Mais quelle idée ! une idée vaste comme l'univers, et qui grandit, pour ainsi dire, Dieu lui-même ! Certes, à ce point de vue, ce ne serait pas si peu de chose qu'un être humain, puisque de son existence, de sa conservation et de sa propre harmonie, soit avec lui, soit avec ses semblables, dépendrait non-seulement la conservation de l'équilibre et de l'harmonie de *tous* les autres hommes, non-seulement la conservation et l'équi-

Mais alors l'homme ou plutôt l'Humanité a donc réellement le pouvoir de s'affranchir même de l'intempérie des éléments physiques, et pour cela, comme on le voit au point de vue de nos principes, il lui suffira de constituer en harmonie suivant l'ordre divin (c'est-à-dire *dans leurs rapports de développements, d'essor, de liberté et d'hiérarchie naturelle*, qui peuvent seuls lui donner toute sa puissance) ses éléments divers de la *pensée*, de l'*action* et du *sentiment*, et non-seulement ces éléments, mais encore tous les peuples, toutes les familles et tous les individus qui s'y rattachent (1).

––––––––––––––

libre de notre propre globe, mais encore l'équilibre, l'harmonie et la conservation de tous les autres globes planétaires et de tous les êtres intelligents qui peuvent y habiter ! Comprend-on maintenant pourquoi tout doit arriver *par surcroît* à l'homme *sitôt qu'il aura établi sur la terre le règne de Dieu et sa justice*. C'est que les injustices de la terre *ébranlent le ciel même*, non plus seulement au figuré, mais au réel, et que par une effrayante, mais magnifique et admirable *solidarité* qui se présente comme la plus sublime et la plus absolue sanction des lois morales, c'est-à-dire de l'ordre divin des relations naturelles des êtres, les relations d'aucun être ne peuvent être faussées, troublées ou détournées de leur but et de leur destination telle que l'assignent les facultés départies à cet être, sans qu'à l'instant même il n'en résulte une perturbation des rapports et des harmonies de tous les autres êtres; perturbation qui, au point de vue de nos principes, peut détruire l'harmonie du ciel lui-même, s'étendre jusqu'aux mondes les plus éloignés et *atteindre aux limites extrêmes de l'univers* !

Mais combien, au point de vue de notre idée, le dernier être humain, tel que l'a fait Dieu, se trouve au-dessus du Jupiter antique, tel que l'avait créé l'imagination des poètes, et qui pourtant nous était représenté *comme faisant trembler l'Olympe au simple plissement d'un seul de ses sourcils !*

Mais quel législateur que celui qui a pu imaginer et établir à ses lois une si universelle et si inévitable sanction !

(1) TELLEMENT TOUS que nulle science des êtres ne sera complète, tant qu'il manquera le concours d'*une seule* intelligence à la science universelle; nulle action même matérielle ne sera pleinement puissante, tant qu'*un seul bras* refusera de s'employer au profit de tous; et enfin qu'aucune union complète de tous avec tous ne se pourra réaliser tant qu'un seul cœur refusera de rallier l'influence de son affection, et de ses élans sympathiques à l'affection et aux élans de tous les autres en faveur de cette union!

III

Ce qu'il faut savoir des êtres de l'ordre physique et matériel.

CONNAISSANCE DE LA NATURE ANIMÉE ET INANIMÉE.

C'est-à-dire croyance que tous les êtres qui composent le mobilier de notre planète, tant les animaux que les végétaux et les minéraux de toute nature, de même que les éléments, les fluides, les gaz, etc., sont tous bons, ont tous leur utilité et leur nécessité d'être *au point de vue de la conservation* de l'homme ; que nulle espèce ne pourrait être retranchée sans que cette conservation fût compromise sur quelque point ; que, si donc quelques espèces paraissent nuisibles et mauvaises, c'est uniquement parce que l'homme n'a point encore découvert la nature de leur utilité et s'en sert *à contre-sens de leur destination*, comme il en a été, dans l'origine, des choses reconnues aujourd'hui les plus utiles : le feu, l'eau, la vapeur, les corps chimiques, etc., etc.

Les animaux sont destinés à être les intermédiaires de nos rapports avec la nature physique animée et inanimée, et un grand nombre, les agents de notre action sur elle. Plus tard nous y trouverons : *nos ouvriers* pour un grand nombre d'industries, nos *portefaix*, nos *valets* mêmes (toute la famille des orangs et des singes); nos *chasseurs de la terre et de l'air* (tous les animaux féroces et oiseaux de proie); nos *pêcheurs* (tous les quadrupèdes et oiseaux qui vivent de poissons, le castor, la loutre, la martre, etc., et tous les oiseaux de mer ou de rivières, même les diverses espèces de poissons qui en mangent d'autres, soit d'eau douce, soit de mer); — nos *navires* même ou du moins nos porte-navires (les baleines et tous les genres de cétacés). Beaucoup nous remplaceront nos *baromètres* et nos *thermomètres,* et nous renseigneront beaucoup mieux que ces instruments sur toutes les variations de l'atmosphère. D'autres nous présenteront des spécifiques absolus contre l'invasion de maladies affreuses dont le remède est encore inconnu. Qui sait si le venin si terrible de la vipère, du scorpion, de l'aspic, du serpent noir, etc., etc., précisément à cause de sa propriété de glacer le sang, ne présenterait pas un antidote utile dans des cas de fièvre chaude, d'hydrophobie, etc., où précisément c'est par son extrême ardeur que notre sang nous devient nuisible et nous cause la mort? Nous ne parlons pas des plantes et des minéraux; nous n'en finirions pas, et tous les jours nous leur découvrons des utilités nouvelles.

Gardons-nous donc de maudire aucune œuvre de Dieu ; *car toutes sont bonnes et utiles.* Et pour celles qui nous deviennent nuisibles n'accusons que notre ignorance; accusons aussi nos divisions et nos antagonismes, qui tous les jours font périr ou dans des luttes fratricides, ou par la misère, ou par l'abandon, des milliers d'hommes en qui Dieu avait mis une portion des lumières destinées à nous éclairer sur quelqu'une des faces de la nature physique, et qui *seuls* pouvaient *ou nous révéler l'utilité ignorée de certains êtres* et même *nous les soumettre et nous les rallier.* Dieu n'a jamais rien créé d'inutile, et NI HOMMES NI CHOSES NE PEUVENT IMPUNÉMENT ÊTRE OU DÉLAISSÉS OU DÉTRUITS.

UN NOUVEAU PRINCIPE POLITIQUE

TROISIÈME PARTIE.

—

APPLICATION DES PRINCIPES CI-DESSUS A L'INTELLIGENCE DE LA HIÉRARCHIE NATURELLE DES PEUPLES ET DU RÔLE ASSIGNÉ A CHACUN D'EUX DANS LA RÉALISATION DE LA CIVILISATION UNIVERSELLE.

GRANDE SOLUTION DE LA QUESTION D'ORIENT, DE CELLE DE LA PAPAUTÉ ET DE TOUT L'AVENIR DE L'OCCIDENT ET DE LA CIVILISATION MODERNE.

I

Rôle et mission des peuples d'Orient.

Cette hiérarchie, nous l'avons vu, a les mêmes principes que celle des simples individus. Elle résulte de la nature même des aptitudes que donne à chaque peuple son tempérament dominant, tel que le lui créent la nature de son sol, son climat, son développement physique et moral, etc., etc.

Chez les peuples donc, comme chez les individus, les aptitudes de la pensée étant données surtout par la prédominance du tempérament *bilieux*, nous reconnaîtrons ces aptitudes chez la plupart des peuples d'Orient, chez qui prédomine surtout ce tempérament.

Et de fait, l'Orient est vraiment la partie mâle ou *initiatrice* de l'humanité. C'est de l'Orient que nous sont venues à nous autres Occidentaux toutes les lumières d'ordre intellectuel, moral, religieux, auxquelles nous devons toute notre civilisation actuelle, et sans ces lumières qui ont *fécondé* notre

Occident, partie femelle ou *mineure* de l'humanité, nous se-
rions encore dans notre barbarie première.

A l'Orient appartenait donc l'initiation et le rôle *majeur* de
la pensée directrice, comme à l'Occident était dévolu le rôle
mineur, mais *actif* de la réalisation de cette pensée.

Aussi est-ce réellement ce qui s'est produit. Seulement si,
après avoir été nos précurseurs et nos maîtres en tout genre
de lumières, de civilisation, de génie, les peuples d'Orient se
sont trouvés rejetés dans la barbarie, ce n'est point, comme
on l'a cru, par un retour nécessaire de notre humaine faiblesse qui ne permet pas, dit-on, qu'un progrès arrivé à un
certain degré puisse durer, et qui force à rétrograder ou à
descendre tout peuple parvenu à son apogée. Non, la croyance
à cette nécessité est une grave et fatale erreur, très-ennemie
de tout progrès, et qui serait très-nuisible à son développement.

Trois causes, résultant de l'ignorance même de notre loi de
collectivité et de solidarité universelles, autant des peuples
que des individus, ont amené la décadence et la ruine des
civilisations orientales : 1° La *lutte* de ces civilisations entre
elles, chacune voulant soumettre et dominer les autres, dans
l'ignorance où elle se trouvait, de l'utilité et de la raison d'être
de la diversité même de ces civilisations au point de vue du
progrès des autres ; 2° l'*égoïsme* de ces civilisations et la *réaction* des peuples moins avancés à qui elle refusait d'en com-
muniquer les bienfaits ; 3° enfin *l'intelligence du principe
chrétien* après qu'il leur fut communiqué (principe qu'ils ne
surent pas approprier à la destination de leur génie), et par
suite l'invasion de la doctrine abrutissante de l'islamisme
qui, isolant plus que jamais, par des préjugés fanatiques, ces
peuples des populations de l'Occident, les a frappés d'inertie,
en rendant inutile et sans action toute leur puissance intellectuelle. Ne voit-on pas s'atrophier et s'éteindre les facultés
pensantes du *vieillard livré à l'isolement*, et qui ne peut
faire profiter personne de son intelligence, de sa sagesse ou
de son expérience?

Un autre défaut des civilisations orientales primitives, c'est
qu'elles furent *brutales* et ne connurent d'autre droit que celui
de la force.

Il appartient aux civilisations occidentales de communi-
quer à leur tour à leurs initiateurs d'Orient l'intelligence ou

plutôt les perceptions de la *sensibilité* et du sentiment moral, établissant précisément même *les droits de la faiblesse.*

Tel un époux farouche, et qui ne connut encore que la rigueur, sent son humeur s'adoucir aux impressions de la tendre sensibilité d'une épouse douce et bienveillante, et après n'avoir compris sur ses subordonnés d'autre puissance de domination que celle de la crainte, arrive, au contact d'une heureuse affection, à comprendre et à désirer aussi celle bien plus puissante, bien plus complète et bien plus durable de l'amour.

L'Orient donc, comme nous le disons, *n'est point mort :* qu'il entre de nouveau en contact avec les peuples d'Occident, et il reprendra une vie, une puissance nouvelle, non pour l'action et le mouvement matériels, *ce n'est point son rôle,* mais pour la direction de l'intelligence de l'idée et des choses de l'ordre moral, savoir : les lois de la *hiérarchie religieuse, familiale, civile, politique,* etc.; car là est surtout sa puissance; sa gravité dans ce rôle et le sérieux de sa pensée religieuse sont, certes, un contre-poids bien nécessaire contre l'indifférence et le scepticisme matérialistes, dont nous autres Occidentaux nous nous trouvons de toute part envahis.

Qu'une fois ces peuples, si religieusement croyants, aient connaissance de la nouvelle loi morale de collectivité et de *solidarité humaines,* et qu'en raison de cette connaissance, ils comprennent la nécessité de se rallier sympathiquement à nous autres populations de l'Occident, que notre légèreté, notre insouciance, en fait d'ordre moral et religieux, fait paraître à leurs yeux *comme des mécréants,* et nous serons étonnés de l'influence qu'acquerra sur notre légèreté même la haute puissance de pensée morale de *magnétisme hiérarchique* dont ils sont naturellement doués.

Ainsi donc, et comme conséquence de ce premier paragraphe, *c'est à l'Orient qu'il faut demander le salut* MORAL *de l'Occident.*

Le paragraphe suivant va prouver que c'est *de l'Occident que doit arriver à l'Orient son salut* MATÉRIEL.

II

Rôle et mission des peuples d'Occident.

(QUESTION DE LA PAPAUTÉ.)

Nous l'avons vu, la pensée des peuples d'Orient fut toujours une pensée grave et religieuse. Mais précisément parce que cette pensée, chez ces peuples, se portait de préférence vers les choses de l'ordre divin, elle devait laisser chez eux en souffrance les choses de l'ordre matériel, le tempérament bilieux ne donnant ni les goûts, ni les aptitudes de l'*action* nécessaire aux réalisations physiques, et du reste créant si peu de besoins de cet ordre, qu'il rend indifférent à ce que nous autres Occidentaux nous avons nommé le confortable matériel.

Ce n'est donc point uniquement, comme on l'a cru, par suite du despotisme des gouvernements que s'est établie, chez les peuples d'Orient, cette indifférence pour les progrès et le bien-être matériels. Sur ce point, Montesquieu et tous ceux qui, avant ou après lui, ont adopté le même avis, sont tombés dans une erreur que seul, du reste, le principe de collectivité aurait pu leur éviter. Car ce principe montre que c'est réellement le contraire qui est vrai, savoir : *Que* précisément *à cause même de cette insouciance matérielle des peuples d'Orient, les gouvernements ont été forcés de se faire despotiques,* sans quoi cette insouciance les aurait fait mille fois périr.

Et malgré même son despotisme, l'autorité ne serait pas assez puissante pour les obliger à se mouvoir *dans une sphère qui n'est pas la leur :* celle de l'action et de la réalisation matérielle. Que leurs routes manquent de niveau et ne présentent que des communications lentes et difficiles ; que, dans leurs villes, les rues et les places s'encombrent de jour en jour d'ordures et de débris putréfiés d'animaux que, malgré leur nombre, les chiens et les vautours sont impuissants à faire disparaître ; que, jusqu'à la porte de leurs maisons, des eaux croupissantes et marécageuses entretiennent autour d'eux un foyer permanent de pestilence qui annuellement les décime et les enlève par milliers, cela les touche à peine, et, dans tous les cas, ne les émeut pas assez pour les porter à l'activité qui pourrait les affranchir de ces maux. L'autorité, toute despotique qu'elle soit, leur commanderait mille fois ces soins de simple propreté extérieure, que mille fois leur insouciance, leur apathie à ce point de vue leur ferait trouver le moyen d'échapper à ses prescriptions, même quand leur négligence devrait les faire dépouiller du peu de ressources matérielles qu'ils possèdent.

Et ce n'est pourtant pas paresse chez ces peuples. Car que l'on essaie de toucher à leur religion ou à quelque chose qui ait rapport à leur ordre moral, et l'on verra de quelle réaction active et ardente ces peuples, en apparence si mous, si insouciants, deviendront capables, fût-ce même contre leurs gouvernants, si despotes qu'on les suppose. La résistance actuelle des Turcs à accepter l'égalité religieuse des musulmans et des chrétiens, telle que l'a proclamée le Hatti-Houmayoum d'Abdul-Medjid, *pourtant leur Sultan bien-aimé*, et les nombreuses réactions que ce décret a déjà provoquées et provoquera encore, tout cela prouve assez que ce n'est *qu'au point de vue des choses matérielles*, et non point du tout des choses morales, qu'existe la prétendue apathie des peuples d'Orient. Aussi toute leur législation ne peut-elle être *que religieuse*, et a-t-il fallu que ce fût au nom de Dieu et comme pratiques religieuses que leur législateur et prophète Mahomet leur commandât les simples soins de propreté et d'hygiène de leur corps : les *ablutions journalières*, l'*abstinence du vin*, etc. En dehors des prescriptions religieuses, aucune puissance de despotisme civil ou gouvernemental n'aurait pu les obtenir.

Pourquoi, encore une fois ? parce que *ce n'est pas leur rôle*, et que précisément ce confortable matériel auquel nous autres Occidentaux nous attachons tant de prix, ne doit pas venir aux peuples d'Orient d'eux-mêmes, MAIS DE NOUS, et que même, s'il cesse un jour de leur être indifférent, ce ne sera précisément qu'en raison de leur sympathie pour nous, et par considération du prix que nous y attachons nous-mêmes, et du besoin que nous paraissons en avoir. Tel l'époux fort et robuste, que sa constitution et ses goûts tiennent indifférent à toutes les délicatesses de la vie, se prend à les aimer et à les rechercher pour la satisfaction que ces soins causent à sa femme ou à sa fille, à qui une constitution frêle et délicate, et des habitudes contractées dès l'enfance les ont rendues nécessaires ; et cette comparaison est d'autant plus vraie et plus juste que, ainsi que nous l'avons vu, l'Occident, c'est la partie *féminine* de l'humanité dont l'Orient est la partie mâle et virile.

A l'Orient donc, nous le répétons, de nous affranchir *moralement* par le labeur de la pensée et de la direction religieuse ; mais à nous, à l'Occident, de laisser à l'Orient le *loisir* de cette pensée, en lui portant, par suite de *nos* travaux et de *nos* découvertes de l'ordre physique, l'affranchissement matériel et le confortable de la vie *positive.*

Et qui sait, il y a peut-être quelque chose de providentiel dans cette proposition, partie on ne sait d'où, de transporter le pape et son gouvernement A JÉRUSALEM, et de ramener ainsi le siége de l'unité chrétienne, destinée à devenir l'unité religieuse *universelle,* aux lieux mêmes où la première pensée de cette unité a pris sa naissance.

Peut-être est-ce là le moyen de ramener à cette unité, et par conséquent à la civilisation, toutes les populations d'Orient, lesquelles, comme nous l'avons vu, ne peuvent être influencées et dominées que *par une pensée religieuse,* et ne peuvent être ralliées à cette pensée que par un ensemble de *rits,* de *cérémonies* et de démonstrations extérieures, tout à fait en harmonie avec ce que présentent les *pompes extérieures* du culte catholique romain.

Présenté à ce point de vue nouveau, ce moyen d'amener une solution *pacifique* de la question d'Italie, en en facilitant l'unité, *sans déconsidérer la papauté,* nous paraît digne d'attirer l'attention de Pie IX lui-même, ainsi que celle de tous les cabinets européens. Quant à l'Italie, nous avons déjà vu et nous verrons plus loin encore que sa mission n'est point une mission religieuse, mais *artistique* (1). Le séjour qu'y a fait la papauté a eu sa raison d'être et a beaucoup contribué à la civilisation de l'Occident, tant que cette civilisation a dû être religieuse *pour arriver à son unité ;* mais aujourd'hui que cette unité est à peu près établie, la civilisation des peuples d'Occident doit prendre son véritable caractère, qui est d'être

(1) Excepté dans la partie du Nord (le Piémont) qui est plus spécialement industrielle.

industrielle et *artistique* (1), sans que la présence trop rapprochée de son élément religieux puisse gêner ses essors. Le siège donc de cet élément, appelé à devenir l'élément religieux de toute l'humanité, a donc sa raison d'être parmi les peuples rattachés le plus spécialement à l'élément de la pensée religieuse, par conséquent *parmi les Orientaux*, non point pour les isoler davantage des peuples d'Occident, mais au contraire pour établir chez eux le noyau et le centre de communications morales et matérielles plus fréquentes destinées à rapprocher et à relier plus étroitement entre eux et l'Orient et l'Occident : le premier communiquant au second toutes les richesses et toutes les influences de la pensée d'ordre divin, et le second faisant participer le premier de toutes les améliorations, de tous les progrès et de tous les moyens de bien-être réalisés dans l'ordre physique. Et peut-être la nature des rapports entre l'Orient et l'Occident devrait-elle aller jusqu'à être entre eux un *échange absolu* dans lequel l'*Orient* seul fournirait à l'Occident *ses prêtres et ses pontifes*, et, à son tour, l'Occident fournirait à l'Orient ses *travailleurs*, ses hommes d'*industrie* et de *commerce*, et aussi ses génies et ses hommes de *réalisation artistique et idéale*, les seuls véritables moteurs et propagateurs de toute civilisation intellectuelle, et les seuls aussi qui aient le pouvoir d'initier des peuples barbares à cette civilisation, en développant chez ces peuples le sentiment et le goût du beau et de l'harmonie dans toutes les manifestations de la vie extérieure. Peut-être un tel échange serait-il le moyen de n'avoir, d'un côté, que des *prêtres* graves, *consciencieux* et dignes de leur mission (2); et, d'un autre côté, que des *travailleurs appréciés* et *encouragés* dans toute l'utilité de leur action. Aujourd'hui, l'Orient meurt par la *pléthore religieuse* et l'*atonie physique*, c'est-à-dire par le fanatisme et par la ruine matérielle ; et l'Occident est sur le point de mourir par la *pléthore industrielle* et l'*atonie morale*, c'est-à-dire à la fois par une surabondance de vie matérielle et une négation presque totale de vie *religieuse*,

---

(1) Industrielle surtout au nord de l'Europe et de la France, et artistique au midi.

(2) Dans l'origine du christianisme, le plus grand nombre des prêtres et évêques d'Occident furent des orientaux, qui, presque tous, ont été mis au nombre des saints. (Voir le *Martyrologe*.)

croyante et *familiale*. En Occident encore, l'abondance des
travailleurs, des industriels, des artistes mêmes, les a éta-
blis les uns vis-à-vis des autres en une concurrence qui les
fait se détruire l'un par l'autre, ce qui est contraire à la fois
à toute économie et à toute moralité ; en Orient, les indigènes,
par leur nature et par leur principe religieux, se refusant à
tout travail matériel, périssent et par la misère et par les
maladies. Le rapprochement, la fusion de ces deux natures
de population, si elles en venaient à l'échange que nous pro-
posons, ne débarrasseraient-ils pas chacune d'elles de ce
qu'elle a de trop, et ne leur donneraient-ils pas à toutes deux
ce qui leur manque ? *Ce serait donc leur salut à toutes deux.*
et, comme on le voit, ce salut viendrait uniquement de l'intelligence de la loi de collectivité qui gouverne autant les
peuples que les individus, et en vertu de laquelle chacun,
*n'ayant reçu que des facultés nécessaires à compléter les
autres,* est tenu de consacrer l'action de ces facultés, précisément à ceux à qui ces facultés manquent, pour recevoir en
réciprocité son propre complément du concours de celles
des facultés d'autrui, dont lui-même est dépourvu, et cela
sous peine et de voir périr ceux à qui il refuse son concours,
et de périr lui-même victime ou des excès où l'entraîne
l'inutilité de ses facultés, ou des réactions suscitées par
ceux que son refus d'aide met eux-mêmes dans la nécessité
de périr.

On nous pardonnera de nous être autant étendu sur ce
sujet ; nous croyons que l'on en comprend l'importance,
puisque, à lui tout seul, il est la solution non-seulement de
la question d'Orient, non-seulement de la question d'Italie ou
d'Occident, et même de celle si embarrassante de la Papauté,
mais encore de tout le problème relatif à la durée de notre
civilisation et à tout l'avenir de l'humanité ; notre principe,
comme on le voit, permettant de présenter cet avenir sous
un point de vue tout à fait nouveau, et selon nous parfaite-
ment rationnel et logique.

On nous permettra donc de compléter cette étude par l'in-
dication des peuples qui sont rattachés au rôle mixte ou
d'influence attractive, en expliquant comment, en vertu du
tempérament et des facultés qui leur assignent ce rôle, ces
peuples sont destinés à agir *attractivement* et sur les peuples rattachés à l'élément majeur de la pensée, et sur ceux
que la nature de leurs facultés rattache surtout à l'élément

mineur de la réalisation active, et comment ils doivent servir à ces deux éléments et de *moteur* de leur puissance spéciale, et de *lien* de leur affection et de leur union mutuelles.

III

Rôle et mission des peuples artistes, des peuples-femmes et des peuples-enfants.

(ÉLÉMENT MIXTE OU D'ATTRACTION.)

Comme rattachés à l'élément (mineur) de l'action matérielle, nous n'avons indiqué que les peuples chez qui domine *ou le tempérament sanguin,* donnant les aptitudes de la direction industrielle, et constituant plus spécialement les peuples commerçants (tels sont les Anglais, les Hollandais, une partie des populations allemandes, scandinaves, et généralement les peuples du nord de l'Europe, de l'Asie et de l'Amérique, etc., etc.), ou le tempérament *musculaire,* donnant plus spécialement les aptitudes à une action dirigée et *subalterne,* tels sont les *nègres* et presque tous les peuples *des côtes de l'Afrique,* remarquables par l'extrême vigueur de leur constitution *musculaire,* mais reconnus peu aptes jusqu'à présent à aucune industrie *spontanée,* ceux mêmes qui sont affranchis étant obligés de se mettre, pour vivre, sous la direction d'autrui, et de se louer presque universellement comme domestiques et hommes de peine. Mais ce qui les rend surtout propres à un rôle subalterne, c'est leur peu de volonté *personnelle* et leur extrême tendance à s'attacher et à se dévouer, pour peu qu'on leur en sache gré, jusqu'à la plus complète abnégation d'eux-mêmes, jusqu'à se sacrifier eux et leur famille, et tout ce qui leur appartient, même leur vie, pour un maître qui saurait s'en faire aimer. Et si, au lieu d'employer vis-à-vis d'eux la rigueur et la brutalité, on développait en eux, dès leur bas âge, par de bons procédés et une bienveillance sympathique, leurs sentiments naturels d'affection et de dévouement pour ceux sous la direction de qui ils sont appelés à travailler et à vivre ; si, surtout, on ne

brisait pas chez eux toutes les affections de famille en sépa-
rant violemment l'époux de l'épouse, les parents des enfants,
les frères d'avec les frères, et les sœurs d'avec les sœurs,
non-seulement on n'aurait pas besoin, pour obtenir leur travail, de les violenter et de les tenir à la chaîne de l'esclavage ;
non-seulement on les verrait dociles à toute direction de
ceux qui auraient besoin de leurs services, mais encore le
plus souvent ils offriraient d'eux-mêmes ces services, se pi-
queraient l'un l'autre d'émulation pour les rendre le plus
profitables, et, se croyant tellement payés par la bienveillance
seule dont ils se verraient l'objet, ils se montreraient même
tristes et honteux qu'on les obligeât à accepter un salaire. Et,
de fait, ce salaire, les astreignant au souci d'eux-mêmes, ne
vaut pas les soins de famille qui les en affranchiraient ; rare-
ment aussi leur profitera-t-il, et le plus souvent il ne sera
employé, chez ces peuples (comme chez la plupart de nos
travailleurs), qu'à donner à son possesseur les émotions abru-
tissantes de l'ivresse, preuve évidente que ces peuples,
comme tous les hommes chez qui domine le tempérament
musculaire, ne sont destinés, à l'instar des adolescents,
qu'à un rôle d'action *subalterne*, adouci toutefois par la bienveillance, la protection et les soins de ceux en faveur de qui
il s'exerce, ou à qui il est appelé à servir d'aide. Quant aux
services que ces peuples sont appelés à rendre sous l'influence d'une direction à la fois intelligente et bienveillante,
ils sont immenses ; d'abord leur tempérament peut seul supporter l'exagération de chaleur qui règne dans les contrées
tropicales, ce qui a obligé les colons des Etats de l'Amérique
du Sud de conserver l'esclavage des noirs dans ces contrées,
aucun Européen n'étant capable de les remplacer sous ce
ciel ardent pour tous les travaux en plein air que nécessite la
culture ; ensuite, leur adresse corporelle, qui n'a d'égale
que celle des singes, leur sang-froid dans tous les dangers,
leur insouciance de la vie, tout cela joint à un instinct presque surnaturel des propriétés diverses des éléments, de leurs
variations, des habitudes des animaux féroces et autres, les
rend d'une grande utilité et d'une précieuse ressource dans
ces pays encore à demi sauvages où l'homme, obligé de tra-
verser partout des forêts vierges, des terres incultes, marécageuses ou infestées de toutes sortes d'êtres nuisibles, doit
se tenir constamment en garde et en surveillance de tous les
dangers qui peuvent lui venir de la terre, du ciel, des eaux,

des éléments, et, en un mot, de la plupart des êtres animés et inanimés, et où, pour les éviter et s'en affranchir, il a beaucoup plus besoin des services de l'*instinct* que de ceux mêmes de la raison et de la *science*. Mais, je le répète, ce ne sera que *par la bienveillance et la douceur* qu'on arrivera à rallier pleinement ces populations, et que l'on réussira à obtenir la plénitude de leur utilité et de leurs services, mais beaucoup moins encore dans une condition d'absolue liberté, qui ne ferait que leur donner d'eux-mêmes un souci qu'ils ne doivent point avoir, et qui paralyserait même la meilleure partie de leurs facultés, que dans une condition subalterne de *demi-domesticité*, les tenant ralliés sinon à des maîtres, du moins à des directeurs et à des protecteurs destinés à leur épargner et les soucis personnels d'eux-mêmes, et, pour leurs travaux, les efforts intellectuels auxquels leur constitution même les rend peu enclins et surtout peu aptes.

Mais qui adoucira enfin cette rigueur, et fera cesser cette barbarie dont, jusqu'ici, les populations de travailleurs ont été les objets et les victimes, de la part des peuples appelés à stimuler et à diriger leurs travaux ?

Qui ? On l'a déjà pressenti. C'est d'un côté les peuples de l'élément religieux, à qui il appartient, et de révéler la loi divine de création, de raison d'être et de relation des facultés humaines, faisant accepter ces facultés chez tous les peuples, et à qui a été donnée *l'influence morale dominatrice* (1) nécessaire à propager le maintien de cette loi ; et d'un autre côté, les peuples de l'élément essentiellement civilisateur, *celui du sentiment,* représenté par les *peuples poètes et artistes,* et aussi par les *peuples-femmes,* lesquels, nous l'avons dit, se reconnaissent à la prédominance en eux du tempérament *nerveux,* donnant, comme nous l'avons vu, ou la puissance de la sensibilité physique, et par conséquent l'intuition des délicatesses et des harmonies extérieures des êtres, ce qui constitue surtout la puissance du beau *plastique* de l'art, destiné à rallier plus spécialement les hommes et les peuples rattachés à la réalisation matérielle ; ou la puissance de la sensibilité morale, laquelle résulte surtout de l'intuition

---

(1) L'énergie de la volonté produit une puissance de domination en quelque sorte magnétique, à laquelle se soumet toute volonté moins énergique.

de la loi des délicatesses et des harmonies morales, et constitue toute la vie du sentiment et des affections du cœur, apanage direct et naturel de la femme, quand elle s'inspire du respect d'elle-même, tel que le lui donne sa propre nature, éclairée et aidée par le sentiment religieux.

Parmi les peuples poëtes et artistes, c'est-à-dire les peuples plus spécialement doués de la puissance de l'imagination et de la création poétiques dans ses manifestations diverses, nous trouvons, savoir : 1° *Pour les conceptions les plus idéalistes de la pensée poétique*, les ARABES, dont les contes des Mille et une Nuits ont rendu célèbres les magnificences rêvées et imaginaires, que pourtant les Maures d'Afrique et d'Espagne avaient déjà commencé à réaliser dans la vie pratique (2). 2° Pour les créations idéales *plastiques* dans leurs manifestations par les arts, d'abord : les GRECS anciens, si renommés pour leurs grands hommes, dans tous les genres de ces sortes de manifestations : dans la poésie, la littérature, la sculpture, la peinture, l'architecture, et dont les *Homère*, les *Démosthène*, les *Phidias*, les *Apelle*, etc., ont à juste titre éternisé la gloire ; ensuite les diverses populations d'Italie (2), qui aux mêmes puissances dans l'art écrit et dans l'art plastique portées au plus haut degré dans l'antiquité, par les *Cicéron*, les *César*, les *Virgile*, les *Horace*, les *Tacite*, etc., et dans les temps modernes, par leur *Tasse*, leur *Dante*, leur *Raphael*, leur *Michel-Ange*, et par tant d'autres génies et supériorités dans les mêmes spécialités, ont ajouté, ces derniers temps, la puissance magique du chant et de la composition musicale, dont le sceptre est tenu avec tant de gloire, surtout de nos jours, par les *Rossini*, les *Donizetti*, les *Bellini*, les *Verdi*, etc., etc.

Cette dernière spécialité de l'art idéal, la Musique, à l'influence de laquelle les anciens ont attribué tant de merveilles, illustrées par leurs légendes d'*Orphée*, d'*Amphion*, etc., et dont ils ont fait l'apanage même d'un dieu, d'*Apollon*, nous paraît en réalité le moyen le plus puissant, plus puissant certes que toutes les violences, de soumettre et de ral-

---

(1) Les Maures, originaires du nord de l'Afrique, sont rattachés, comme les Grecs, au rôle de réalisation matérielle des arts.
(2) Moins celles du nord, c'est-à-dire du Piémont et peut-être aussi de la Lombardie, qui sont plus spécialement industrielles.

lier à la civilisation *les peuples encore sauvages ou barbares*.
Nous ne saurions donc trop en conseiller, en encourager le
développement, et de grand cœur nous applaudirons aux efforts tentés dans ce but par toutes les nations civilisées. Cependant, persuadés que *la médiocrité dans l'art est plus
mauvaise que le pire*, nous désirons que la direction et la pratique de ces études soient surtout laissées aux peuples qui
possèdent pour cet art des aptitudes spéciales. Car c'est uniquement par cette spécialité que l'art pourra atteindre
l'apogée de sa puissance et de son influence utile. C'est surtout au point de vue de l'art que le goût du public doit être
maintenu dans sa plus extrême pureté. Car l'art c'est la re-
présentation de l'idéal, et l'idéal c'est le beau sans défaut,
c'est le bien sans souillure. Souffrir, donc, que les manifestations de l'idéal ne soient pas à cette hauteur, c'est faire dé-
choir l'idéal lui-même, c'est le perdre et l'annuler. Or, l'homme
sans idéal, ce n'est plus l'homme, ce n'est plus que la matière, comme qui dirait le corps sans son âme, le cerveau
sans la pensée ; en un mot, *c'est la brute.*

Selon nous donc, faire servir l'art à la reproduction de la
réalité, ce n'est point du tout comprendre le but et la
mission de l'art, qui est avant tout une mission de création
idéale, ayant spécialement pour but de nous enlever aux
absorptions de la réalité. L'artiste n'est point un subalterne
qui doive se mettre à la remorque de l'homme matériel, et le
suivre dans la matérialité de ses goûts ou de ses appétits ;
c'est au contraire un roi, un dominateur, dont la mission est
précisément de se soumettre l'homme matériel. Pour cette
mission il a été fait non tant matière qu'*intelligence et âme.*
Par cette intelligence et par cette âme il perçoit les harmonies célestes, il communique avec les anges qui habitent les
hautes sphères, et comme aux anges il lui a été donné des
ailes, les *ailes du génie,* afin qu'il puisse s'élever jusqu'à ces
sublimes hauteurs. Mais il ne doit point s'élever seul. Son vol
même n'aura de puissance et ne pourra se soutenir qu'autant
que sur ses ailes s'élèvera avec lui son frère l'homme de
l'action matérielle. Voilà la vraie mission de l'art et de l'artiste : s'inspirer des harmonies divines, pour initier à ces harmonies l'homme du travail matériel, et, par la magie des manifestations artistiques, lui créer le besoin de ces harmonies,
et le faire lui-même entrer dans la loi de leur réalisation pratique, à la fois par sa soumission aux inspirations divines de

l'élément majeur de la pensée, et par son dévouement actif
tant aux hommes de cet élément, qu'aux hommes de l'élément mixte du sentiment : aux femmes, aux enfants *et à tous
les faibles.*

Or, les peuples que nous voyons ainsi rattachés plus spécialement à telle ou telle spécialité de l'art, n'ont reçu précisément ces facultés, que parce que la Providence voulait en
faire à l'égard des autres peuples des flambeaux et des étoiles,
non-seulement pour, qu'éclairés par leur clarté, ces peuples
pussent ne pas s'égarer ni s'écarter de la route commune,
mais encore pour, qu'au rayonnement ardent de ces génies,
ces mêmes peuples puisassent comme en un foyer la conservation de leur chaleur morale et toute l'ardeur enthou-
siaste de leur dévouement. Concluons donc qu'obliger ou
soumettre ces peuples aux réalités de la vie, c'est réellement
éteindre des flambeaux, anéantir des étoiles, et qu'ainsi c'est
détruire dans leur source, chez tous les peuples matériels, à
la fois l'humanité, la moralité, la civilisation et le bonheur.
De là, la nécessité, non-seulement de ne point arracher les
peuples poëtes et artistes à leur spécialité, mais encore de
faire en sorte que chez eux aucun souci de la vie positive ne
les soumette à la matière, et, diminuant vis-à-vis d'elle leur indépendance, ou n'entrave leur vol, ou, par une atteinte à sa
moralité, ne coupe les ailes à leur génie.

Les peuples poëtes et artistes sont donc des peuples destinés à agir *idéalement* sur les autres par la révélation et l'attrait des harmonies *extérieures.* Ils ont donc été créés plus
spécialement pour la réalisation de l'unité *matérielle,* c'est-
à-dire de celle qui résulte du ralliement des corps et des intelligences (1). Mais, par la raison que l'homme est plus âme

---

(1) Platon, malgré toute sa sagesse, ne sut pas trouver à quoi uti-
liser les poëtes dans sa république, et, tout en les couronnant de
fleurs et s'inclinant avec admiration devant leur génie, il se voyait
obligé de les bannir de la société comme des êtres inutiles et même
dangereux. Cela se comprend : le rôle social du poëte, comme celui
de la femme, de l'enfant et de l'artiste, est avant tout un rôle de sentiment; un rôle d'utilité beaucoup moins matérielle que morale, ne se
rattachant ni à la pensée philosophique directrice, ni à l'action réalisatrice, mais uniquement à un idéal d'harmonie sympathique, destiné à rapprocher et à relier entre eux l'homme de pensée et l'homme

que matière, pour créer entre les hommes une union vraie, c'est surtout leurs âmes qu'il importe de rallier. Et cela est

---

d'action et à les unir en vue d'un but d'affranchissement de tous les faibles.

Or, ni Platon, ni Socrate son maître, ni Aristote, ni aucun des philosophes ou politiques de l'antiquité, n'eurent même l'idée d'établir aucune sympathie entre l'homme de pensée (le citoyen) et l'homme d'action (presque toujours maintenu dans un *esclavage* brutal, et à peine reconnu comme faisant partie de l'humanité). Jamais non plus il ne leur vint en pensée de songer à affranchir aucun faible. Leur dogme unique, comme celui de toute l'antiquité, fut la nécessité d'une soumission fatale à la loi du destin, et le droit absolu et inexorable du fort sur le faible, représenté par cette atroce maxime : *Malheur aux vaincus.* En présence d'un tel principe social, que pouvait donc être le poëte, lui que la nature a fait le plus souvent faible d'esprit et de corps, insouciant de lui-même et de ses propres besoins, incapable souvent d'aucun travail actif, impatient de toute dépendance et de toute sujétion, avide comme l'oiseau uniquement du soleil et de liberté, et comme l'oiseau n'ayant de puissance que celle de son chant, mais d'un chant qui ne rêve que des harmonies idéales, inconnues ou impossibles, ou contraires à tout l'ordre établi, à toutes les idées reçues et dominantes? Que pouvait-il être? Ce que Platon avait découvert qu'il était en effet : un génie céleste, mais qui, vraiment, n'avait de place qu'au ciel; un être divin à qui il convenait d'élever des autels, mais dont l'influence trop rapprochée des mortels ne pouvait que leur être funeste, comme le furent à Sémélé les embrassements de Jupiter. Et voilà pourquoi, tout en reconnaissant, en proclamant les poëtes comme des êtres sublimes, Platon se trouvait dans la nécessité de les proscrire. Mais toute la société d'alors ne les avait-elle pas elle aussi proscrits? N'était-ce pas, en effet, les proscrire que de fermer tout essor à leur sensibilité ou à leur indépendance, et, par un refus de toute ressource matérielle, les obliger à se faire, comme leur Homère, mendiants et vagabonds, contraints, par la nécessité de vivre, à s'associer à toutes les passions haineuses, non-seulement à célébrer leurs triomphes sur leurs ennemis, mais encore à vanter et exalter les exploits d'implacable férocité qui avaient assuré ces triomphes, et présenter comme des héros dignes d'être élevés jusqu'au ciel et de s'asseoir au rang même des dieux, des hommes, chefs ou princes, d'une brutalité grossière, et qui n'avaient pour tout mérite qu'un orgueilleux et indomptable courage, étranger à toute pitié, à toute sympathie pour la faiblesse, en un mot à toute sensibilité morale, à toute humanité.

Mais non-seulement les anciens et leurs sages ignorèrent le rôle moral et sentimental du poëte, de l'artiste, etc., et le lui rendirent

vrai pour les peuples comme pour les individus. Il a donc
fallu qu'il existât pour les peuples comme pour les individus, des peuples qui fussent plus âmes que corps et intelligence, et qui, par cette raison, eussent reçu le pouvoir d'attirer des autres peuples, *surtout les âmes*, afin de baser
plus spécialement l'union mutuelle de ces peuples sur la
sympathie et le sentiment. Cette spécialité d'action constituant plus particulièrement le rôle de la femme, nous
croyons pouvoir désigner les peuples investis de cette mission, du nom de *peuples-femmes*.

---

impossible, ils ne soupçonnèrent pas davantage qu'il existât une loi
d'utilité morale de la femme et de l'enfant. Aussi tinrent-ils constamment l'une et l'autre dans une condition d'asservissement brutal
à la plus despotique autorité de leurs passions, de leur humeur et de
leurs caprices. Et voilà pourquoi, malgré tout son vernis extérieur
de splendeur artistique, leur civilisation, si développée qu'elle parût
dans ses manifestations matérielles, resta toujours inculte et barbare
sous le rapport moral; et, par la privation où elle se trouva de ce
concours de la sensibilité morale de la femme, de l'enfant, de
l'homme de talent et d'art, etc., elle fut toujours dans l'impossibilité
d'établir entre son élément majeur de la pensée (ses citoyens libres)
et son élément mineur du travail (les esclaves), l'harmonie morale
indispensable à la conservation matérielle de l'un et de l'autre; et, à
un moment donné, elle dut nécessairement périr et par l'abus de la
domination par trop arbitraire de ses hommes de pensée, et par la
réaction enfin triomphante de ses hommes de travail ou des peuples
ennemis destinés à les lui fournir.

Ainsi dans la femme, l'enfant, le poëte, l'artiste, et dans tous ces
êtres si faibles, si nuls en apparence, et en réalité si dépourvus de
toute vigueur ou pour la pensée ou pour l'action personnelle, se
trouve réellement le principe de toute la vigueur et de toute la puissance autant de l'homme de pensée que de l'homme d'action. Ainsi
donc se révèle la raison, la nécessité d'être de cette faiblesse même et
de cette impuissance personnelle à tous ces êtres, qui semblent pour
eux le plus triste des apanages, qui le furent réellement dans les
âges anciens, et dont on les accabla comme d'une fatalité, et qui
même dans l'âge chrétien actuel et jusqu'à nos jours ont été pour le
plus grand nombre un sujet ou de tristesse ou de scandale, mais qui
•bientôt, à la lumière du principe de collectivité, vont devenir ce que
la Providence a voulu les faire, ce pour quoi elle les a créés, je veux
dire *la base même* de notre union, de notre puissance, de notre conservation, de notre affranchissement enfin et de notre bonheur.

Ces peuples, nous ne les chercherons point en Orient, que nous avons indiqué comme étant la partie *mâle* de l'Humanité. Nous devons donc les chercher en Occident, qui en est la partie féminine. Or, de tous les peuples d'Occident, un seul nous paraît représenter plus spécialement les caractères distinctifs de l'élément féminin considéré dans la partie la plus noble de cet élément, c'est-à-dire l'âme.

Ce peuple, à notre avis, C'EST LE PEUPLE FRANÇAIS. Et quel peuple en effet reproduit mieux que le peuple français l'ensemble de ces qualités, et même de ces charmants défauts qui caractérisent et distinguent la femme, savoir : la mobilité, la légèreté, le goût, la grâce, même la frivolité, l'insouciance personnelle, la gaieté folle, et surtout l'enthousiasme de l'âme et du sentiment? Et pourtant quel peuple grave et sérieux exerça jamais sur les autres peuples autant d'influence que le peuple français avec sa frivolité? Voyez comme il obtient sur tous, par ses attractions et ses influences *morales*, une domination bien plus sérieuse et bien plus réelle que n'en obtint jamais aucun peuple par aucune puissance et aucune violence matérielles (1) ; comme il les soumet tous à l'empire de son goût, de ses modes, de ses fantaisies et de ses caprices, même aussi de ses faux pas et de ses erreurs, les entraînant à sa suite et par son exemple dans telle ou telle voie nouvelle; faisant prévaloir chez eux tel ou tel système politique ou autre, briller ou s'obscurcir telle supériorité, enfin donnant seul aux hommes de talent de tous les pays leurs lettres de noblesse, et seul les investissant pour l'avenir du sacre de l'immortalité, et cela sans conteste, sans appel d'aucun d'eux, les *attirant* tous à son avis avec la même puissance de domination qu'exerce une femme aimable sur un époux et sur un amant épris et affollé de ses charmes.

Comme la femme donc, la France a reçu la mission d'établir chez les autres peuples, *surtout la civilisation de l'âme*,

---

(1) Cette influence est encore bien plus sensible aujourd'hui que le gouvernement de l'empereur Napoléon III a si bien compris le rôle et la mission qui conviennent à la France vis-à-vis des autres peuples. (Voir le manifeste au sujet de l'Italie publié par le *Constitutionnel* du 22 octobre dernier.)

4.

du cœur et du sentiment, en les rapprochant les uns des autres plus spécialement par le développement entre eux d'une commune sympathie, d'une bienveillance et d'une affection réciproques. *Son rôle est de leur apprendre à s'aimer.* Et cet amour mutuel de tous, elle doit le leur inspirer précisément en les réunissant dans un commun amour de ce qu'elle aime elle-même. Voilà pourquoi elle a été faite indifférente à leurs préjugés, à leurs exagérations, à tout ce qui peut leur créer un éloignement, une répulsion mutuelle, afin que n'étant entraînée à prendre parti contre aucun d'eux, elle puisse être admise par tous comme *intermédiaire*, comme *arbitre*, et conserver l'influence de les amener tous à une *tolérance mutuelle* qui est bien véritablement le *droit* et la *justice*. Aussi sa contradiction contre les erreurs mêmes qui causent l'antagonisme de tous ces peuples, se manifeste-t-elle beaucoup moins par la logique sévère d'une froide raison, que par l'*accueil léger d'une douce et spirituelle ironie.* C'est à elle surtout qu'on peut appliquer ce dicton du poëte : *castigat ridendo mores.* C'est par son rire qu'elle châtie. Oui, son moyen le plus redoutable contre toutes les exagérations c'est d'en rire pour les amener à en rire elles-mêmes. Dans ses mains l'arme du ridicule est tellement puissante, que ce qui a le malheur d'en être frappé est ruiné et mort à tout jamais. Mais c'est en excitant ce rire qu'elle charme et calme les cœurs, et qu'elle réussit à en faire fuir toute haine, pour arriver ensuite à les rendre accessibles à l'amour. Car cet amour, l'amour universel, c'est là son but, son rêve, sa passion, la cause même de ses propres erreurs et de ses difficultés personnelles. Cet amour, qui n'est que le dévouement du fort à l'égard du faible, elle l'accueille, elle l'encourage, ou du moins elle le tolère sous toutes ses faces et toutes les formes de ses manifestations. Contre cet amour, fût-il même une faiblesse, un crime, elle ne sent point d'ironie, elle n'a que de l'indulgence ou des pleurs. A tous ceux qui aiment elle a d'avance pardonné, *à l'exemple du divin maître*, et, qu'ils soient heureux ou malheureux, innocents ou coupables, elle leur ouvre à tous les bras d'une douce sympathie ou d'une bienveillante pitié.

Or pour l'accomplissement de son rôle, qui est tout de sentiment, il faut réellement à la France cette tolérance, cette indulgence pour tout sentiment vrai. C'est en effet le seul moyen d'amener chacun à se montrer dans toute la vérité de son caractère, et à révéler ainsi la spécialité de facultés par lesquelles il devra plus tard être conduit à se rendre utile. Et en propageant chez toutes les autres nations sa propre tolérance, sa propre acceptation des facultés spéciales de chacune d'elles, elle donnera à chacune de ces nations la possibilité de montrer en quoi ces facultés peuvent être utiles; elle leur fera donc reconnaître à toutes la bonté, la nécessité et la raison d'être de toutes ces facultés, par conséquent la bonté, la nécessité et la raison d'être *de tous les peuples* eux-mêmes, et aussi bientôt de toutes les *spécialités* et *individualités* de familles, de personnes et de facultés destinées, comme nous l'avons vu, à constituer la race humaine, et à en procurer le développement, la puissance, et l'harmonie durable.

De la reconnaissance par tous de la bonté, de l'utilité, de la nécessité et de la raison d'être de toutes les spécialités de puissance humaine tant des peuples que des individus, ne devra-t-il pas résulter infailliblement l'amour, la sympathie mutuelle de toutes ces spécialités les unes à l'égard des autres, et cet amour et cette sympathie ne produiront-ils pas l'union, le dévouement et le concours de toutes les facultés et de toutes les puissances en vue de l'affranchissement et du bien-être de tous, mais principalement en vue de la protection des impuissants et des faibles ? *Car c'est surtout à eux que l'âme de la France est portée à se montrer sympathique.* Or par cette influence, spéciale à la France, de dominer les autres peuples, surtout dans la sphère du sentiment, en leur faisant accepter ses amours et ses sympathies, elle attirera la bienveillance et l'amour de toutes les autres nations plus spécialement vers les objets de sa prédilection particulière, ces impuissants et ces faibles dont nous parlions tout à l'heure.

Déjà elle a réussi à faire accepter dans un grand nombre de pays, par les puissants et les privilégiés, ce grand principe inauguré en 1789 de la liberté appliquée au travail, à la pensée et à la croyance; et, chez les peuples où ces principes ne sont point encore acceptés ou réalisés en fait, elle en a déposé des ferments qui tôt ou tard prendront leur développement et convertiront à ces principes, même les plus récalcitrants. En 1848, elle a réalisé dans ses colonies l'affranchissement peut-être un peu prématuré des noirs, mais que réclamaient toutefois les droits de l'humanité. Par sa glo-

rieuse campagne de Crimée, prenant la défense d'un Etat
qu'on menaçait d'opprimer uniquement à cause de sa faiblesse, elle a empêché de la part de la Russie l'envahissement
de la Turquie, qui eût ouvert la porte à des envahissements
plus grands, et préparé, pour les nations européennes, au détriment du droit qui constitue la civilisation, le règne brutal
de la force, apanage spécial de la barbarie. Aujourd'hui c'est
à l'effort de nos armes, protectrices généreuses du faible, que
l'Italie doit l'appui matériel et moral qui a relevé son courage et lui a donné la force et le pouvoir de reconquérir sa liberté et d'inaugurer la plus grande partie de son unité nationale. Récemment la *France* vient de venger le droit des gens et
celui de l'humanité en envoyant ses troupes faciliter au Sultan et à son gouvernement la punition des auteurs de ces
horribles massacres de Syrie dont les détails avaient révolté
l'humanité. Partout où se présente ou une tyrannie à renverser, ou un faible à soutenir, ou un principe égoïste à fla-
geller, on est sûr de rencontrer ou le drapeau, ou l'argent,
ou l'influence et les principes larges et généreux de la
France.

Mais il y a encore bien d'autres impuissants et d'autres faibles tant parmi les peuples que parmi les individus, à qui la
mission de la France est, ou de venir en aide elle-même, ou
de concilier le concours et l'appui de toutes les spécialités
d'action et de puissance des autres peuples.

Tels sont les peuples que nous qualifions de *peuples-enfants,*
savoir : les peuples encore sauvages et non encore initiés à
notre civilisation, lesquels ont encore de l'enfant et l'ignorance et l'impuissance, et quelquefois même offrent du jeune
âge la naïveté, la douceur, la confiance, la sympathie, ainsi
qu'on le rapporte des habitants d'O-Taïti, avant que les Européens, abusant de la bienveillance naturelle de ces peuples,
ne leur eussent, par leur méchanceté et leur égoïsme, ins-
piré leurs défiances et tous leurs vices. Tels on rapporte aussi
qu'étaient les habitants du Pérou, quand les Espagnols en
firent la découverte, et avant les cruautés inouïes dont une
soif effrénée de l'or porta ces derniers à les faire victimes.

Comme des enfants non encore développés, ces peuples
ont, par la nature même de leurs tempéraments, des facultés
qui les rattacheront plus tard ou à l'élément de la pensée ou

à l'élément de l'action. Mais, pour le moment, leur faiblesse
même les rattache à l'élément du sentiment, et leur affranchissement, leur émancipation de leur ignorance, en un mot
leur ralliement à la civilisation commune, doit être un des
motifs propres à stimuler l'union et les efforts communs des
hommes de pensée et des hommes d'action, suscités et en-
traînés vers ce but par l'influence des hommes et des peuples eux aussi rattachés à la mission de sentiment qui ca-
ractérise les femmes, les poëtes et les artistes de tous les
pays.

Mais, comme nous venons de le voir, c'est surtout à la
France, en sa qualité d'élément féminin et sentimental par
excellence, qu'il appartient de susciter et de surexciter à la
fois chez les individus et chez les peuples et les efforts de la
pensée sérieuse, et ceux du travail actif, comme aussi ceux
de la sensibilité, du talent et de l'art, en faveur de ces orga-
nes encore paralysés de l'intelligence et de la puissance humaine, et sans le concours desquels pourtant ni les individus,
ni les peuples, ni l'humanité ne pourraient arriver à un complet affranchissement ni de leurs difficultés matérielles, ni de
leurs contrariétés morales.

Quoique rattachée, par ses aspirations les plus générales, à
l'élément féminin du sentiment ou de la sensibilité morale, la
France, de nature plus spécialement *mixte*, résume à elle
seule (seule de tous les autres peuples) les trois éléments,
idée, action et sentiment, dont se compose l'humanité, et dont
chacun des autres peuples ne reproduit réellement en domi-
nance qu'une seule spécialité. Elle contient donc presque par
égale partie autant d'hommes rattachés au rôle majeur de la
pensée sérieuse ou philosophique, que d'hommes rattachés
au rôle mineur de l'action réalisatrice et positive, et enfin
aussi d'hommes rattachés au rôle mixte ou intermédiaire de
l'art ou des intuitions de la sensibilité morale. Et dans chacune de ces sphères elle peut, sans vanité, prétendre un
droit de supériorité. A ce titre-là, elle devient donc à la fois la
reine, la directrice *de l'élément de la pensée, de l'élément
de l'action* et de *l'élément de la sensibilité chez tous les autres
peuples.*

Aussi est-ce à la France surtout et à son gouvernement
que nous dédions cet exposé de notre nouvelle formule, destinée à présenter les véritables bases *hiérarchiques* sur les-

quelles doivent se constituer l'unité et la liberté nouvelle, et
s'établir, pour ne plus se détruire jamais, l'union mutuelle
des trois éléments généraux de la puissance humaine : la
pensée, l'action et le sentiment.

Car, *elle aussi aura à reconstituer son unité*. Chez elle surtout, plus qu'ailleurs, la division, l'antagonisme et la lutte
existent entre ses éléments du sentiment, de l'action, et de
la pensée, *et de ces trois éléments la hiérarchie est entièrement détruite*. Émancipé, par la puissance de l'argent, plus
que ne le comporte sa nature, non-seulement l'homme d'action ou de travail s'est soustrait à toute direction morale de
l'homme de pensée, de même qu'à toute influence des hommes de sentiment, mais il tend même à se subalterniser *par
la faim* et l'homme de pensée et l'homme de sentiment. De là
cette perversion de la pensée, faussant tous les vrais principes, pour plaire aux appétits de l'homme matériel et en favoriser la corruption ; de là aussi cette perversion de l'homme
de sentiment : de la *femme*, de l'*enfant*, du *poëte*, de l'*artiste*,
employant les uns et les autres toutes les puissances, toutes
les influences, tous les charmes du jeune âge, de la beauté, de
l'art et du talent, non suivant les lois de la sensibilité morale, pour rapprocher le fort du faible, mais, contrairement à
toutes les lois de cette sensibilité, pour encourager l'oppression du faible par le fort, justifier cette oppression, souvent
même la poétiser et l'élever à la hauteur d'une vertu, d'un
idéal, d'une gloire ! La conséquence fatale et nécessaire de
cet état de choses, c'est, comme nous l'avons vu, le triomphe
unique de la puissance et de la position matérielles, le développement toujours plus forcené de l'appétit des jouissances
brutales, le mépris et l'abandon de la faiblesse et de l'impuissance : de l'enfance, de la vieillesse ; et, partout la rencontre
du vice étalant sans honte ses corruptions et ses infamies ; de
la vertu honnie ou sans influence ; enfin de la beauté, de l'art,
du sentiment humiliés, avilis, prostitués.

C'est cette perturbation de toute vie sociale et hiérarchique
en France qui éloigne des principes nouveaux les hommes
de pensée grave et sérieuse, rattachés ou à l'ordre moral ou
à l'ordre religieux ; et, les empêchant de se rallier à un ordre
aussi subversif, le leur fait au contraire repousser comme
un symptôme imminent de dissolution.

De cela on ne peut leur faire un crime, aujourd'hui sur-

tout que notre principe a montré combien une telle perturbation est contraire à tout l'ensemble des lois naturelles de
collectivité et de *réciprocité solidaires* tant des peuples que
des individus en vertu desquelles seules toute vie sociale
des uns et des autres peut se conserver.

Leur défiance n'est-elle pas du reste partagée par la plupart des chefs des gouvernements qui semblent avoir établi
autour de leurs États, comme un cordon *sanitaire* destiné à
préserver leurs peuples de l'invasion de nos principes ?

Une telle situation paralyse ou amoindrit évidemment la
bonne influence de la France sur tous les autres peuples
au point de vue de leur affranchissement de préjugés funes-
tes qui les tiennent encore ou séparés ou hostiles entre eux,
et, empêchant leur complète union, retardent leur développement et leurs progrès mutuels.

Il est donc urgent pour l'honorabilité et la considération
de notre pays autant que pour l'intérêt des peuples eux-
mêmes et de tous ces progrès, que la France elle-même se
réhabilite, elle et ses principes, aux yeux des autres nations,
en prouvant à toutes, *par le rétablissement chez elle de la
hiérarchie naturelle de ses éléments sociaux* (l'homme de
pensée, l'homme de travail et l'homme de sentiment), que ses
principes ne sont en rien hostiles à cette hiérarchie ni aucu-
nement incompatibles avec l'unité, l'ordre et la moralité sociales.

Nous croyons avoir suffisamment prouvé que notre nouveau principe politique, qui ainsi devient tout le principe
moral et religieux des sociétés, *basant désormais les rapports
même utilitaires des peuples et des individus sur la nécessité
d'un développement collectif et unitaire des uns par les autres
à l'aide du concours des aptitudes spéciales de chacun (ou
pour la pensée, ou pour l'action, ou pour le sentiment) ; et* d'un
autre côté *établissant la hiérarchie de ces diverses puissances*
non plus sur une domination oppressive et arbitraire, ou de
simples relations de hasard, de naissance ou de position,
*mais bien sur des bases positives et fixes, tirées de la nature
même des choses, c'est-à-dire des tempéraments,* rendra facile
à la France non-seulement le rétablissement de sa propre
hiérarchie, mais encore l'organisation, par son influence, de
la hiérarchie des autres nations dans toute l'harmonie de
leurs rapports internationaux.

Cela ne prouve-t-il pas que ce principe, véritable palladium
de l'avenir, non-seulement doit éviter désormais à la France

et aux autres peuples toute révolution ou tout cataclysme,
mais encore doit devenir pour notre pays, comme pour toutes les autres nations, le moyen le plus certain de progrès,
de perfectionnement et de bien-être, comme aussi de MORA-
LITÉ et de LIBERTÉ!

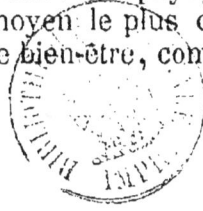

FIN.

(1815) SAINT-CLOUD. — IMPRIMERIE DE Mme Ve BELIN.

www.ingramcontent.com/pod-product-compliance
Lightning Source LLC
Chambersburg PA
CBHW070930280326
41934CB00009B/1813